Joanna Lisiak

Das Pünktchen trägt Strümpfe

Umschlagabbildung: „Im Regenbogen", 2012,
Öl auf Leinwand von Mariola Lisiak

Die Deutsche Nationalbibliothek verzeichnet diese
Publikation in der Deutschen Nationalbibliografie; de-
taillierte bibliografische Daten sind im Internet über
dnb.dnb.de abrufbar.

Herstellung und Verlag: BoD – Books on Demand, Norderstedt,
Deutschland.
Alle Rechte, einschließlich der Rechte der öffentli-
chen Lesung, vorbehalten.

ISBN 978-3-73922-803-7

Das Pünktchen trägt Strümpfe

© Joanna Lisiak

Zur Entstehung dieses Buchs

Aus dem Unterbewusstsein unbewusst ge-
fischt. Halb bewusst ins Literarische trans-
formiert, komponiert. Aus etwas, etwas an-
deres geschaffen. Dieses Etwas, das man
dem Leben entgegenzusetzen versuchen
kann.

"An jener Nachricht über die Mauersegler, die bei Nacht in großen Höhen schlafend fliegen, hat mich ergriffen, dass Traum und Flug noch zusammenfallen."

Elias Canetti

Komatös bin ich heute aufgewacht. Es ist nicht leicht, den Traum in Worten wiederzugeben.

Was mich verwirrt, sind gewisse Bilder, die an alte Traumbilder gemahnen.

Heute ist mir G. im Traum begegnet.

Der Traum ist schnell erzählt. Es war ein Alptraum.

Regelmäßig und seit Jahren, wenn nicht Jahrzehnten, träume ich davon. Heute Nacht wieder.

Fahrgefühl. Auf einem Schlitten. Auf einem Motorboot. Unterwegs. Fast fliegend.

In einem Traumteil bin ich auf einer Schneewanderung.

Ich habe mich transformiert. Halb hier, halb jenseits. Halb in mich gekehrt, halb körperlich präsent.

In einem Teil des Traums gehe ich durch verlassene Alleen.

Ziemlich wahrscheinlich träumte ich diesen Traum bereits.

Diesen Traum hatte ich öfters in verschiedenen Versionen, mit ganz klaren Bildern.

Vielleicht muss ich diesen Traum gar nicht erzählen. Denn seit Jahren gehe ich an dem Ort vorbei, wo dieser Traum stattfand.

In der Extrastunde Schlaf, die ich mir heute gegönnt habe, träumte ich ein großes Durcheinander.

Kein eigentlicher Traum, eher eine Beobachtung.

Dieser Traum scheint mir deswegen erzählenswert, weil er mir eher vorkommt wie ein friedliches Dasein, denn als wenn ich geschlafen und geträumt hätte. Es ging um eine Seinsform, die absolut in sich stimmig war. Halb war ich hier, halb im Übergang oder bereits schon andernorts.

Ich bin an einem Ort, an dem es furchtbar langweilig ist.

An Details erinnere ich mich nicht. Aber es war, als hätte ich mit der Person, die im Traum war und ich war, nicht das Geringste zu tun.

Ich träumte, aber ich habe das Gefühl, dass nicht ich der bin, der träumte. Als hätte sich mir ein anderer meinen Körper und meinen Geist geborgt. Ich habe ihn gebeten, bitte meinen Körper und meinen Geist zu verlassen. Aber er tat sich schwer damit. Er blieb noch lange bei mir. Wollte verhandeln.

Ein sehr physischer, wirklicher Traum.

Ein kreativer, visueller Traum.

Taumel. Verstörendes.

Ich war in der Vergangenheit.

Eigenartig insofern, als dass der Traum mich eher an einen Film erinnert. Vermutlich, weil ich keinen Film in dieser Art gesehen habe.

Im Traum war mir bewusst, dass eine Zeit vergangen ist, seit ich das letzte Mal dort war und entsprechend haben sich gewisse Dinge verändert.

Faszinierend, vor allem die Präzision der Bilder.

Ein wirrer Traum.

Nur ein kleiner Traum.

Ein schrecklicher Traum.

Ein Traum, in dem ich mich einmal mehr höchst genial fand.

Ich träumte von einer Situation, in der ich kaum zugegen war.

Nicht immer sind meine Träume schön oder verrückt kreativ.

Es ist eigenartig mit den Träumen. Per se fühlen sie sich lebendig, ja lebendiger an als der Wachzustand in der Realität.

An inhaltliche Einzelheiten erinnere ich mich nicht.

Das Wichtigste an diesem Traum war tatsächlich die Eindeutigkeit des Gefühls.

Ich habe den Verstand verloren. Ich war orientierungslos. Fuhr auf der falschen Straßenseite.

Langer Schlaf, langer langer Traum.

Nur schwache Erinnerungen.

Eine kurze Nacht, vielleicht deswegen diese tiefe Dimension.

Langer, komplexer Traum. Daraus nur Sequenzen.

Unzusammenhängender Traum.

Verwandtschaftsverstorbene Wesen. Nonverbale Sprache. Alles schiebt sich ineinander wie tektonische Platten. Überall sind Zwischenräume. Es gibt kein Drinnen, kein Draußen. Nur Drinnendraußen. Oder Draußendrinnen.

Drei Träume diese Nacht. Tendenziell alptraummäßiger Art.

Kein außergewöhnlicher Traum eigentlich. Aber zum ersten Mal habe ich nebst meinen visuellen, haptischen, akustischen Träumen nun auch gustatorisch geträumt.

Heute habe ich in meinem Traum laut gelacht. Vielleicht war das Lachen durch den Schlaf sogar hörbar.

So ein Erlebnis hatte ich in meinem Traum noch nie.

Bruchstücke.

Bloß Teile.

Ich kreise. Ich kreise.

Ein besonders klarer Traum.

Schlecht geschlafen. Nur Traumfetzen.

Ein verkehrter Traum.

Ein Traum von der üblen Sorte.

Ein tragischer Traum.

Der Traum ging in alle Richtungen.

An Details erinnere ich mich nicht. Im Traum aber war alles logisch.

Dieser Traum verschob alles: Zeiten, Personen, Geschlechter, Orte, Sprachen.

Diesen Traum kann ich nicht einfangen, nicht in meinen Wachzustand ordnen. Die Sprache ist zu schwach, sie schafft das nicht.

*

Sie wohnt in einem Glashaus. Es steht im
Hof des dänischen Königshauses. Um den
Hof herum liegen Hotels. Touristen kom-
men. Morgens hat sie wenig Möglichkeiten
sich abzugrenzen. Die Touristen gaffen ins
Glashaus, wo sie der Morgentoilette nachge-
hen möchte. Sie hat Lust zu zitieren. Einen
bestimmten Kassayek hat sie im Kopf. Einen
Philosophen. Den hat sie sich ausgedacht.
Er steht dafür, Erbsen zu zählen. Aber nicht
einfach so. Er besteht darauf, dass die Erb-
sen von Dritten gezählt werden, nicht von
ihm. In der Hostentasche hat sie einen
Schlüssel. Es ist der Schlüssel zur Woh-
nung aus ihrer Kindheit. Dort geht sie hin
und wartet, bis alle das Haus verlassen ha-
ben. Dann lässt sie sich im Korridor fotogra-
fisch abbilden. Der Korridor ist lang.

Die Konzertpianistin ist in der Oper und hat ihren Hund mitgebracht. Er weiß, was sich gehört und hat ins Bidet gemacht. Der Hund liegt vor dem Bidet. Sein Ohr ist ans Porzellan gelegt. Die Akustik im Bidet ist wunderbar. Eine alte Schulkameradin kommt vorbei. Sie ist jetzt Künstlerin. Sie arbeitet vorwiegend mit Blumen. Sie bindet Blumensträuße. Dann sprengt sie sie.

Ein Vogel landet neben mir. Es ist kein typisches Federvieh. Es trägt eine Mischung aus Federn und Fell. Das Federfell ist schwarzbraun und glänzt. Der Vogel ist riesig. Ein Meter Umfang mindestens. Sein Gesicht ist das Gesicht einer Frau. Sie ist geschminkt mit roten Lippen und Wimperntusche. Die Vogelfrau blickt ernst drein. Ich bin nicht sicher, ob sie echt ist. Ich frage Nina scheu, ob sie die Vogelfrau auch sieht. Nina nickt.

Ich bin bei Nina Hagen zum Tee eingeladen. Der Tee steht warm gebrüht auf dem Tisch. Die Tassen aber fehlen. Nina lacht. Ich muss die Tassen in der Wohnung suchen. Das ist bei ihr so. Erst danach gibt es Tee. In der Wohnung hat jemand eine giftige Schlange freigelassen. Ich muss vorsichtig sein. In einem der Zimmer entdecke ich eine Frau. Sie cremt sich in aller Seelenruhe und wie in Zeitlupe ihren Körper mit einer teuren Lotion ein.

Wohnungsbesichtigung. Sie verläuft gut und man nimmt sich Zeit. Man lässt sich in der potentiellen Wohnung ein Bad einlaufen, um die Wohnung zu testen. Nach dem Bad macht man ein kleines Nickerchen auf einem Bett. Das gehört sich bei einer ausführlichen Wohnungsbesichtigung so. Danach studiert man die Dokumente. Das Besondere an dieser Wohnung ist, dass der Wohnblock auf Rollen auf Schienen steht. Immer am Freitagabend rollt der ganze Block aus der Stadt ins Grüne, wo sich die Mieter erholen können. Das Konzept ist ansprechend. Man zweifelt dennoch. Was, wenn man mal freitags später nach Hause kommt, der Block ist weg und man nicht weiß, wo genau er im Grünen steht. Den Anforderungen dieser Wohnung muss man gewachsen sein.

Wir betrachten Fotos. Auf den Fotos sind wir alle immer gleich alt. Wir müssen lachen. Wir erzählen uns Geschichten. Auch solche von Pudeln, denn die sind sehr lustig. Wir haben uns schicke weiße Hosen angezogen. Sie sind lang und reichen bis zum Hals. Wir gehen auf den Bazar. Wir schlendern, schauen. Am Ende des Bazars ist Schluss. Wir können von da an nicht mehr weitergehen. Wir müssen klettern. Steil nach oben klettern.

Es ist jetzt Mode mit Wecktüchern geweckt zu werden. Wecker war gestern. Heute die Wecktücher, mit denen man sehr angenehm geweckt werden kann. Sie schlingen sich um einen, tupfen, reiben. Dann ist man wach. Ich gehe in die Küche. Auf dem Küchentuch liegen Nagellacke. G. ist auch da und schneidet Gurken. G. schneidet die Gurken in regelmäßige kleine Würfelchen. G. überreicht mir ein Gurkenwürfelchen zum Probieren. Ich bin nicht sicher, ob ich es essen darf. Doch, doch, meint G. Aber dieser Gurkenwürfel kann offenbar mehr. Er kann radieren. Ich bin erstaunt, wie viele Radiergummigurkenwürfelchen man aus einer einzigen Gurke machen kann.

Eine neue Universität ist soeben eröffnet worden. Sie steht für eine ganz neue Form und hat einen anderen Ansatz als die bisherigen Universitäten. Sie ist eine Plattform mitten in der Stadt mit einem kleinen Podium in der Mitte. Leute, die sich für ein bestimmtes Thema interessieren, gehen zum Podium und erzählen davon. Wenn die Menschen aus dem Publikum Interesse am Thema haben oder etwas darüber wissen, können sie ebenfalls am Podium teilnehmen. Es entstehen interessante Gespräche und Kontakte. L. interessiert das nicht besonders. Sie ist im Wasser und macht Purzelbäume. Die Purzelbäume sind sehr rund und ich bin begeistert. Nach einer Weile merke ich, dass mit jedem Purzelbaum ein kleines Licht aufflackert. Am Beckenrand sitzt eine Frau, die sich nur für ein Thema interessiert. Für die Form von Brustwarzen. Sie entblößt eine Brust und fragt, ob ihre gut gewachsen sei.

Vorstellungsgespräch. Bevor es losgeht, befühlt man meinen Blusenstoff. Ich schwitze ungewöhnlich viel, aber es ist für einen solchen Fall vorgesorgt. Auf dem Tisch liegen ein Dutzend Stirnbänder. Ich darf mir alle fünf Minuten ein neues Stirnband anziehen. Im Gang fährt ein kleiner Mann Rollschuh. Der Gang ist lang und hat einen glatten Marmorboden. Der kleine Mann kommt gut vorwärts. Er rollt, und ich sehe ihn während meines Vorstellungsgesprächs durch den Türspalt hindurch am Zimmer vorbeirollen. Es ist dieses Mannes Beruf tänzelnd Rollschuh zu fahren und dabei Jazz zu singen. Er macht das hervorragend.

F. sitzt gemütlich in einem Café. Da sieht er etwas Braunes, Voluminöses herumstehen. Er geht hin und entdeckt ein durchnässtes Cello und eine Gitarre. Alles tropft. Die Instrumente sehen erbärmlich aus. Zu Recht ist F. empört. F. nimmt das Cello, die Gitarre aus den nassen Koffern und legt sie zum Trocknen hin. Er sieht den Verkäufer aus dem Musikgeschäft unweit des Cafés. Der Verkäufer trägt weitere Instrumente raus, wo er sie bewusst zum Nässen in eine Lagune legt. F. ist außer sich vor Wut über dieses Gebaren.

Ich treffe ein paar Freunde, aber nicht etwa, um zusammen zu essen, zu reden oder etwas zu unternehmen. Man hat sich verabredet, um gemeinsam den Nachmittag dösend zu verbringen. Es soll ein dunkler, stiller Nachmittag werden. Dabei möchte ich gerne von einem Filmprojekt erzählen. Ich habe nämlich ein Mandat und darf einen Film drehen. Der Film soll «Falafel» heißen. Der Hauptdarsteller hat einen Rücken, der sehr vernarbt ist und aussieht wie ein aufgeschnittener Weißkohl.

T. fährt mit dem Cabriolet die Meerküste entlang. Er hat eine Biene in einem Auge. Die Biene summt und T. hält das Auge geschlossen. Das Gesumme der Biene kitzelt T. Polizisten machen eine Fahrkontrolle. T. hält. Er erzählt von der Biene und bittet die Polizisten um Hilfe. Die Männer sind ratlos. Einer hat die Idee, die Biene aus dem Auge zu föhnen. Doch der Föhn ist kaputt und T. meint, dass man es umgekehrt machen müsse. Die Biene aus dem Auge heraussaugen nämlich. Die Polizisten sind blöd und verstehen nichts. Sie haben sich auf das Föhnen eingestellt und können die Gedanken nicht so schnell umkehren. Leider fehlt der Staubsauger. T. gibt auf und klaubt die Biene mühsam mit den Fingern heraus. Sie sticht T. Aber T. hat Glück. Die Biene sticht ihn in einen bestehenden Pickel. Er kann das Pickelkissen samt dem Stachel ohne Schwierigkeiten entfernen.

E. wohnt zur Untermiete in einer kleinen Wohnung bei einer Alten, die sehr mürrisch ist. Kein Wunder ist E. wenig zuhause. Er kommt eigentlich nur zum Schlafen. Denn er möchte den schlechten Launen der Alten aus dem Weg gehen. Er ist oft im Restaurant. Das Besondere an diesem Restaurant ist, dass man fast nie bedient wird. Das ist sehr beleidigend. E. ist nicht alleine. Die meisten der Gäste werden ignoriert und sitzen beleidigt herum, schauen den Kellnern hinterher, die nicht bei ihnen vorbeikommen. Als der Hunger zu groß ist, um länger zu warten, geht E. zur großen Restaurant-Schublade. Dort werden vor allem Pizzareste hineingeworfen, aber auch andere Sachen. E. ist auch hier nicht alleine. Die anderen Gäste, die ebenfalls nicht mehr länger warten können, greifen wie E. in die Schublade und essen, was die Schublade hergibt.

W. hat eine neue Arbeit. Er arbeitet in einer
Galerie für Kunst. Der Galerist klärt seinen
neuen Mitarbeiter auf, dass es nun so ist,
dass W. als sein Mitarbeiter fortan auch
Kunde der Galerie ist. Er muss die Bilder,
die die Galerie anbietet, kaufen. W. muss
sich ein sehr teures Gemälde kaufen, das er
sich eigentlich gar nicht leisten kann. Er
nimmt einen Kredit auf und muss den Be-
trag zudem abstottern. W. weiß nicht, wohin
er mit dem sechs Mal sechs Meter großem
Werk hinsoll. W. überlegt, wo er es hängen
könnte und auch denkt er darüber nach,
das Bild in ein paar Jahren teuer wieder zu
verkaufen. Der Galerist freut sich über den
Verkauf. Aber gleichzeitig ist er sehr gierig.
Er möchte das Bild eigentlich wieder zu-
rück. Er versucht das Bild, das W. noch
nicht fertig abbezahlt hat, bereits wieder an
einen anderen Kunden zu verkaufen. W.
verliert die Übersicht über die finanzielle
Lage.

N. fängt eine Spinne. In der Hand wird die Spinne zu einer kleinen Kugel. Als N. sie wieder laufen lässt, verschwindet die Kugelform und die Spinne zeigt sich. Der Kopf der Spinne ist ein kleiner Tigerkopf. Ich wünsche mir, dass die Spinne nur noch als Kugel vorhanden ist, aber N. klärt mich auf: Ob als Kugel oder ob als Spinne mit Tigerkopf, es ist und bleibt eine Spinne. Ich solle mir da ja nichts vormachen. Das leuchtet ein.

M. ist in einem schicken Hotel und
schwimmt im Bassin. Vor dem Bassin ist
eine Tafel angebracht. Man darf hier nur mit
ernstem Gesicht schwimmen. Das passt gut
zum Bassin, das leer ist. M. hat eine Mat-
ratze dabei und wird, statt im Becken zu
planschen, den Wänden entlang fliegen. Die
Matratze ist hierfür bestens geeignet. Wenn
M. das möchte, kann er sich dabei auch
durchsichtig machen.

R. ist in seinem alten Kinderzimmer. Es ist der Ort, wo R. seine Socken sortiert. Seine Schwester kommt herein. Sie erzählt von einem Lipgloss, den sie sich kaufen möchte. Sie ist aber noch unschlüssig, denn der Lipgloss enthält Drogen. R. findet, dass sich seine Schwester zu freizügig anzieht. Die Schwester versteckt sich darauf in Omas großer Unterhose und schmollt.

Ich kann neuerdings mit einem Besen her-
umfliegen. Irgendwann hatte ich den Dreh
raus und man kann mir dieses Talent nun
nicht mehr absprechen. Einen Besen brau-
che ich für mein Fliegen nicht. Mein Besen
kann alles sein, was ich zum Besen erküre:
ein Buch, ein Teller, ein großer Mantel. Viel-
leicht deswegen werde ich zu einer Fernseh-
show eingeladen. Allerdings hat man mir
mitgeteilt, dass ich als Erbse kommen soll.
Und die Erbse müsse sich in einer Schub-
lade befinden.

D. steht an der Kasse und zählt Kleingeld.
Er wird mit dem Zählen nicht fertig. Das
Geld scheint knapp nicht zu reichen. D. be-
ginnt ein paar Sachen wieder wegzulegen
und beginnt erneut das Kleingeld zu zählen.
Es geht nicht auf. D. versucht es mit der
Kreditkarte. Er kann sie zunächst nicht fin-
den. Dann hat er sie gefunden, aber sie
funktioniert nicht. Er legt noch mehr Sa-
chen weg, die er am wenigsten benötigt und
beginnt von Neuem zu zählen. Wahrschein-
lich wird es jetzt ausreichen und mit den
Einkäufen korrespondieren. Doch er muss,
um sicher zu sein, nachrechnen. Die Ko-
lonne hinter ihm wird länger. Alle stehen
nervös herum und schauen D. auf die Fin-
ger. D. muss darauf achten, sich nicht ab-
lenken zu lassen, sonst verzählt er sich wie-
der. Eine alte Frau ruft, dass das so doch
nicht gehe. Sie habe noch einen sehr wichti-
gen Termin und zwar mit der Mafia persön-
lich, und die würde ihres Wissens nach
keinen Spaß verstehen.

U. kauft sich eine Kuh. Die Kuh ist sehr schön und grün. Sie ist bewachsen mit einem saftigen Feldsalat. Man könnte die Kuh scheren und daraus unzählige Salate bekommen. Für U. genügt nur etwas Feldsalat vom Kuhschwanz. U. ist sehr stolz, dass er genau berechnen kann wie viel er schnippeln muss, um einen, zwei, drei oder vier Portionen Salat zu erzeugen.

Wir sind im Urlaub. Der Strand ist schon ziemlich belegt. Wir kommen auf den Strand zu und die Touristen schauen uns etwas verdattert an. Wir kommen nämlich vom Meer her auf den Strand zu. Vor uns steht eine Nudistengruppe, die sich zum Traubenstampfen hier verabredet hat. Ich trage Zöpfe. Sie sind sehr hart und wenn man sie abreißt, können sie ein hässliches Loch im Kopf hinterlassen. Oma entdeckt eine Verkaufsbude. Sie sieht dort einen rosafarbenen Bikini, der es ihr angetan hat. Oma möchte, dass ich ihr den Bikini kaufe. Auf dem Höschen ist ein Teddybär aufgenäht. Ich erkläre Oma, dass dieser Bikini für Kinder, vielleicht für Jugendliche gedacht sei, nicht aber für sie. Oma will das nicht hören. Sie will den Bikini. Sie findet ihn nämlich frech.

Ich habe vom Schlafen einen kreisförmigen Abdruck im Gesicht. Auch auf dem Rücken habe ich runde Abdrücke. Meine Haut sieht aus wie eine Tapete. Ich trage ein Kleid aus Haaren und da es immer noch ein wenig wächst, muss ich es jeweils nach dem Anziehen leicht stutzen, damit es ordentlich ausschaut. Ich bin mit zwei Alten unterwegs. Sie haben mich unter die Arme geklemmt, sodass ich nicht gehen muss, sondern getragen werde. Die Alten singen herrlich. Sie wechseln die Tonhöhen, gleiten ineinander, dann wieder auseinander. Ich bin fasziniert. Denn es klingt wie ein ganzer Chor und nicht nur wie zwei Personen. Ich mache ihnen Komplimente und betone wie schön ich diesen Gesang finde. Sie erwidern, dass ich ebenfalls schön singe. Dabei singe ich gar nicht.

Ich bin an einem Ort, der mit einem Über-
angebot an den schönsten Produkten auf-
trumpft. Ich bin überfordert und kann da-
her nicht zugreifen. Eine Reihe Abendkleider
aus Filz sticht mir ins Auge. Ein behaarter
Riese hat seine Einkäufe getätigt. Er drängt
an mir vorbei an die Kasse. Er wird sehr
freundlich bedient. Irgendwo habe ich auch
Helmut Lotti gesehen. Einmal liege ich
Harald Schmidt in den Armen. Ein anderes
Mal streichelt mir Roger Willemensen zärt-
lich über die Wange.

L. steigt über kniehohe Blumen. Sie hat sie selber gesät und freut sich, dass die Blumen so hochgewachsen sind. Sie muss zur Bibliothek. Sie befindet sich im Klassenzimmer. L. muss dort ab und zu die Bücher sortieren. Eine strickende Frau kontrolliert, ob L. alles richtig macht. Während L. sortiert, denkt sie über den Unbekannten nach, der ihr den Hof macht. Der Unbekannte ist ein Gentleman. Er folgt L. tagsüber aus sicherer Distanz. Er weiß, da er ein Gentleman ist und dass er keine Chancen bei L. hat. Er ist bereit, sehr viel Geld für L. auszugeben. Das bedrückt L. und engt sie ein.

V. übt sich im Fliegen. Er weiß, er kann es, aber er ist ziemlich ungraziös. Er muss sich sehr anstrengen. V. wedelt mit einer MDF Platte. Er wedelt und wedelt, bis er schließlich abhebt. Er schafft es ein paar Zentimeter über dem Boden zu fliegen. Mehr geht nicht. V. erzählt in der Luft von früher. Dass es damals, als er noch Kind war, nicht erlaubt war mit einer Sonnenbrille einen Supermarkt zu betreten. Das war absolut tabu. Und das war auch gut so, meint V., während er mit der MDF Platte wedelt.

O. unterhält sich mit einem Intellektuellen.
O. genießt das Gespräch, aber der Intellektuelle ist sehr arrogant. Er möchte am liebsten nicht mit O. sprechen, denn er hält O. für wenig geistreich. O. pflichtet dem Intellektuellen bei, betont jedoch, dass es einen einzigen Punkt in ihrem Kopf gebe, der so überdurchschnittlich intelligent sei, dass der Intellektuelle staunen würde. Der Intellektuelle kennt diesen Punkt, über den O. redet und redet, nicht. Er möchte nichts davon wissen und beleidigt O. stattdessen, indem er lauter Namen nennt, die er für klüger hält als O. O. staunt darob. Denn die Genannten sind allesamt nett, allerdings eher einfach gestrickt, um nicht zu sagen dumm. O. wechselt das Thema und spricht nun über ihr Herzensthema Design. Sie zeigt dem Intellektuellen eine Projektskizze von einem Möbel. Es ist ein Sofa, das bereits so konzipiert wurde, dass es eingebuchtet ist. Dort passt ein ganzes Schwein hinein. Man kann das Sofa dazu nutzen, dort ein geschlachtetes Schwein zum Trocknen hineinzulegen. Es ist als Design-Stück für Metzger gedacht.

E. geht mit ihrer Mutter an ein Diana Ross Konzert. Als sie sich im Publikum umsehen, stellen sie fest, dass sie von eigentümlichen Leuten umgeben sind. Hausfrauen, die noch ihre Hausfrauenkittel oder Lockenwickler tragen, solche mit seltsamen Perücken, oder Männer mit billig angeklebten Schnurrbärten. Das Ambiente ist kurios und wenig glamourös. Groß ist daher die Enttäuschung, dass Diana Ross nicht aufkreuzt, sondern sich auch dort ganz gewöhnliche Frauenzimmer mit Kindern auf der Bühne aufreihen und versuchen eine Performance zu machen. Es ist E. so unangenehm, dass sie selbst auf die Bühne geht und dort eine Clown-Nummer macht. Man entdeckt E.'s Talent und sie darf jetzt auf der Bühne grüne Maskottchen auf die Nasen der Darbietenden kleben. Eine unwürdige Aufgabe. Aber besser, als so auszusehen wie die eine Frau im Publikum, die mit offenem Mund zur Bühne schaut, denkt sich E. Die Frau hat ausgeschlagene Zähne.

Besuch von fernen Verwandten kündigt sich an. Als die Männer in der Türe stehen, sind es Riesen. Sie werden kaum Platz haben in den Gästebetten. Die Männer sprechen in einer Sprache, die man nicht versteht. Sie wechseln immer wieder die Sprache, die Lautstärke, das Thema. Nach jedem Satz. Fast willkürlich. Sie gehen durch die Zimmer. Man muss ihnen folgen, um einzelne Wörter aufzuschnappen. Die Riesen gehen von Zimmer zu Zimmer, denn dort suchen sie ihrerseits Hinweise für Wörter, die ihnen selbst entfallen sind. Ein Gespräch kann nicht stattfinden, es fehlt immer an etwas, an dem man sich festmachen könnte. Ich möchte daher ganz klein beginnen und suche das Wort «Rosine», von welcher aus ich das Gespräch beginnen möchte. Ich nehme eine Packung Biskuits hervor und finde in der Zusammensetzung das gesuchte Wort «Rosine». Ich bin sehr verblüfft, denn gerade in dieser Biskuit-Mischung sind garantiert keine Rosinen vorhanden.

H. steht im Boxring. Sie wird gegen einen
Superstar antreten. Das Publikum weiß,
dass H. ein Neuling ist und noch nie zuvor
geboxt hat. H. versucht sich die KO-Stelle
zu merken, wo sie die Gegnerin gezielt
schlagen möchte. H. möchte drauflosdre-
schen, bis sie den KO-Punkt getroffen hat.
In der Halle werden Bilder von den Gardero-
ben eingeblendet. Man sieht, wie sich die
Gegnerin frisiert. H. selbst schminkt sich.
Als H. endlich zum Boxring schreitet, hört
sie das Publikum munkeln, dass sich die
Gegnerin in letzter Minute entschlossen hat
den Kampf abzusagen, beziehungsweise sich
vertreten zu lassen. Als H. zum Ring geht,
sieht sie dort Klitschko persönlich, der
schon wartet. H. ist nicht sicher, ob der
Plan mit der KO-Stelle noch aufgeht. Im
Publikum entdeckt H. einen übergewichti-
gen Roger Federer. Er zwinkert H. aufmun-
ternd zu.

U. ist Fußmodel. Sie läuft auf einem Lauf-
steg, wo man nur Füße sieht. U. macht das
sehr gut. Im Publikum sitzt jemand, der
sich auf die Farben von Flaggen spezialisiert
hat, die er fachmännisch erklärt. Neben ihm
sitzt eine Frau, die langsam aus einem Wel-
pen herauswächst. Sie hat große Kullerau-
gen und hört gerne Geschichten aus der
Kindheit als Welpe.

Ich mache mir einen kleinen Kaffee. Es ist gerade Trend, äußerst kleine Kaffees zuzubereiten. Nicht größer als ein Fingerhut. Ich bin geübt und schaffe es, mehrere Schlucke Kaffee aus dem kleinen Fingerhut zu trinken.

Ich renne durch die Stadt Hand in Hand mit meiner Schwester. Es geht mir gut. Ich bin Direktorin einer Jazzschule. Zudem bin ich als Retterin bei der Feuerwehr engagiert. Meine Aufgabe als Retterin besteht darin, durch Gebäudekorridore der brennenden Objekte zu laufen und laut zu schreien, so-dass die Leute, die sich noch im Gebäude befinden, rechtzeitig hinausrennen können.

Fünfzig Männer stehen in grauen Anzügen aufgereiht vor einem. Sie blicken einen an. Es ist die graue Eminenz persönlich. Sie möchte, dass man ein Wort an sie richtet. Die Männer stehen da wie Bäume und man denkt nicht daran, ein Gespräch zu führen. Stattdessen denkt man an Fluchtwege. Man befindet sich in der Flughafenbar, wo man kopfüber in eine Stadt sehen kann. Auf dem Tisch stehen Orchideen. Sie sind talergroß. Der Anblick der Stadt auf dem Kopf ist schwer zu ertragen. Gleichwohl ist die Art des Zusammenseins leicht und sonderlich wohltuend.

S. ist in einem Camp. Es ist ein Trauer-camp. Jeder ist hierhergekommen, um auf seine Weise zu trauern. Performances finden statt. Im hinteren Teil des Camps befinden sich Räume der Stille. Wenn jemand krank ist, hängen seine Kleider zum Lüften drau-ßen. Das ist das Beste, was man für die Ge-nesung tun kann. Es stellt sich heraus, dass das wirklich das einzige ist, was funk-tioniert. In den Räumen der Stille sind Tele-fone, wo man mit Verstorbenen telefonieren kann. Es liegen Notizhefte herum, in die man schreiben kann. Überall hängen Texte zum Thema Trauer herum.

Eine Tanzgruppe aus ungewöhnlich dicken Leuten bewegt sich unfassbar geschmeidig. Die Bewegungen sind rund und cool. Eine Frau in engen Latex-Leggins kreuzt ihre Beine am Boden. Sie sieht aus wie eine Robbe. Man möchte ihr stundenlang zusehen.

P. ist in den Ferien. Im Ferienhaus befinden sich alle Verwandten. Jeder hat sein eigenes Zimmer. Die Küche gehört der Oma, wo sie immer ist. P. fährt Kanu auf dem Amazonas. Im Fluss kann man Schmuck fischen. Man muss aber Acht geben, keine Schlangen zu erwischen, die aussehen wie Perlenketten.

Ich trinke ein Bernsteinbier und kläre mein Umfeld auf, dass ich zwei verschiedene Schriften habe. Eine externe Schrift, die alle lesen können und eine interne Schrift, die nur ich entziffern kann. Alfons Schuhbeck sitzt neben mir und wartet auf seinen Chauffeur. Ich habe die Möglichkeit, ein paar noch warme Klößchen direkt aus seiner Hand zu probieren. Ich probiere, und sie schmecken hervorragend. Ich stelle fest, dass sie mit Buttermilch angemacht sind. Die Klößchen schmelzen förmlich auf der Zunge. Ich begreife, dass diese Klößchen meisterhaft sind.

T. kann hervorragend mit Tieren umgehen.
Dies der Grund, warum T. einen Skorpion in
seiner Aktentasche hat. T. dreht die Akten-
tasche ein paar Mal herum, schon hat der
Skorpion einen klaren Kopf. Die Schwester
von T. hat auch ein kleines Tierchen. Es
sieht aus wie Monchichi. Kugelig, große Au-
gen, ein kleines Schwänzchen, kurz und
gut: putzig. Es sitzt auf der Schulter von der
Schwester, ist sehr agil und aufmerksam.
Das Besondere an diesem Tierchen ist: es
sorgt für eine gute Luft. Dennoch überlegen
die Politiker das Tier in der EU zu verbieten.

Wenn ich die Türe schließe, ein wenig warte und die Türe dann wieder öffne, kommt eine Katze heraus. Das ist mein Trick. Damit habe ich Zugang erhalten zu einem Gebäude, das aus vielen engen Räumen besteht. In diesem Haus ist auch ein Zimmer, das direkt an eine Klippe angrenzt, von wo man direkt ins Meer fallen könnte. Ich mache bei einer Führung mit und lasse mir alles erklären. Die Frau, die die Führung macht, erzählt, dass dies das Konzept ihres Verlobten sei. Der Mann habe sich das so ausgedacht. Sie erzählt, dass der Mann ein Krokodil sei, aber so viel Geld habe, dass sie sich auf eine Beziehung mit dem Krokodil eingelassen habe und dass das kein Problem für sie sei. Das Krokodil sei eifersüchtig, aber gut zu der Frau. Die Frau möchte, dass ich bleibe. Am Abend würden noch andere Tiere zugegen sein.

Eine Party findet in einer großen Bade-
wanne in einem Hotel statt. Vier bis fünf
Personen haben in der Wanne Platz. Je-
mand hat organisiert, dass alle Öffnungen
in der Badewanne ordentlich zugespachtelt
wurden, damit nichts hineinkriechen kann.
Ich habe es mir in einer Umkleidekabine ge-
mütlich gemacht mit einem Insekt. Es sieht
aus wie ein miniaturisierter Hirsch. Es
macht eine schöne Grätsche, um mir zu ge-
fallen. Ich kommuniziere mit dem Tier mit-
hilfe eines Grashalms. Ich forme den Gras-
halm und das Hirschtier versteht, was ich
meine. Einmal allerdings forme ich aus dem
Grashalm ein etwas zerzaustes Gebilde und
das Hirschlein erschrickt. Sein kleines Herz
pocht laut, sodass ich es hören kann. Ich
habe ein schlechtes Gewissen und meine
Mutter tadelt mich deswegen. Ein Butler
steht den Badenden zur Verfügung. Er
macht Drinks und serviert Involtini.

G. hat sich selbst einen Zahn gezogen. Es ging so leicht, dass es G. einfach ohne nachzudenken gemacht hat. Beim genauen Betrachten des Zahns stellte G. fest, dass er viel Fleisch mit herausgezogen hat. Der ausgezogene Zahn mit dem Fleisch ähnelt einer Miesmuschel. G. fährt mit dem Zug. Es ist der Psychopathenexpress. Der Lokomotivführer ist nackt und fährt stehend. Der Zug rollt nur langsam. Die Gäste gleichen Zombies. Männer geben Grunzgeräusche von sich. Als G. raus möchte, will man ihn nicht aussteigen lassen. Er nimmt eine Betonsäule zur Hand und schlägt mit dem Bauelement um sich.

Z. ist an einem politischen Symposium zusammen mit einer großen Politikerin. Als Zeichen ihrer Verbundenheit Z. gegenüber, klaubt die Politikerin Essensreste zwischen den Zahnlücken hervor. Dies ist als Höflichkeitsgeste und als Symbol des Vertrauens gedacht, die die Politikerin Z. gegenüber hat. Z. schätzt das und ist angetan. Später darf Z. mit auf die Suite von der Politikerin. Ein Lift Boy steht schon bereit, aber die Politikerin besteht darauf, die Treppe zu Fuß zu gehen. Das sei ihre Fitness. Oben angekommen, singt vor der Zimmertüre ein kleines Empfangskomitee ein paar Lieder, begleitet von Gitarren. Viele Männer haben Gitarren umgeschnallt und spielen. Z. stellt im Nu fest, dass die Männer allesamt mittelmäßig spielen bis auf einen, der passabel singt und dass es am Ende gemeinsam erstaunlich gut klingt.

Wenn Brot alle ist, gibt es Hand. Hand liegt
auf dem Teller. Sie ist knusprig gemacht,
aber man kann nicht einmal einen Finger
abschneiden. Man muss Hand daher in die
Küche zurückgeben. Im Aquarium werden
Eier auf neuartige Weise gegart. Man legt die
Eier auf den Aquarium-Boden und gart,
während sich die Goldfische rings um die
Eier anordnen und dem Garprozess beiwoh-
nen.

Im alten Hallenbad wachsen jetzt überall
Pflanzen. Die Rutschbahn wurde zu einer
verspiegelten Treppe, die bereits beim Anse-
hen Schwindel bereiten soll. R. steht auf
dem Fünfmeterbrett und unterhält sich. Er
sieht unten einen Mann, der wie ein Storch
geht. Seine Nase ist so lang, dass es auch
ein Storchschnabel sein könnte. Sie misst
mindestens dreißig Zentimeter. Tausende
Gedanken gehen durch seinen Kopf. R.
überlegt herunterzuspringen. Er denkt auch
daran, mit seinen CDs zu experimentieren.
Er möchte beweisen, dass gewisse Mixe
nicht funktionieren. Zum Beweis seiner
These möchte er «Satin Doll» mit einem Hip-
Hop-Beat unterlegen.

E. ist im Seminarhotel, wo sie an einem Workshop teilnehmen möchte. Da entdeckt E., dass überall Glibber ist. An den Wänden, den Tür- oder Fenstergriffen. Wohin E. auch hin fasst, überall ist Glibber. Es ekelt E. sehr. Sie hört, dass es junge Männer sind, die hier alles vollglibbern. Sie tun dies aus Verzweiflung und weil sie nach Frauen Ausschau halten. Die Glibbermänner schämen und verstecken sich. E. ruft laut in den Raum hinaus zu den Männern, sie sollen mit diesem Glibbern aufhören. Ein paar junge Männer treten daraufhin reumütig hervor. E. ist bereit, das Glibberproblem mit ihnen anzugehen, indem sie erstmals alles Glibber im Gebäude entfernen will. Einer der Männer möchte an einer Strähne von E. lecken. E. lässt es zu und wird blond. Aus der anderen Strähne flicht ihr einer der Männer ein Bärtchen. Es steht E. sehr gut zu Gesicht und vorbeigehende Workshop-Teilnehmer nicken E. zustimmend zu. Doch die Familie von E. findet, dass das Bärtchen wegmuss. Denn es sei doch sehr ungewöhnlich für ein Mädchen so mit Bärtchen.

Jemand teilt C. mit, dass er Mundgeruch hat. Er muss daher den ganzen Abend schweigen. C. sieht zum Himmel und sieht dort Sterne tanzen in einer noch nie dagewesenen Dimension. Er weiß, dass er Zeuge ist von einem Jahrtausendspektakel, das einmalig ist. Blinkende Vierecke, Strudel, blumenartige Anordnungen. C. kann nichts anderes tun, als ergriffen nach oben zu blicken und zuzusehen.

F. ist eine Ballettschülerin. Sie träumt da-
von, eines Tages Ballettlehrerin zu werden.
Sie kann nicht aufhören von ihrem Traum
zu erzählen. Die Ballettlehrerin selbst ver-
sucht F. diesen Gedanken auszutreiben. Sie
spricht seltsam langsam und sehr ernst.
Nach jedem Wort macht sie einen Punkt.
Das. Ist. Keine. Gute. Idee. Eine. Ballett.
Lehrerin. Zu. Werden.

Ich bin Teenager. Alles fühlt sich herrlich pubertär an. Halb muss ich lachen, halb ist alles gleich tragisch. Ich besuche eine Uni, die sehr locker aufgestellt ist. Man geht zufällig in Vorlesungen, eben solche, in die man halt gerät. Manchmal sitzt man in einem komplett falschen Vortrag, manchmal wiederholt man versehentlich etwas, das man schon hinter sich hat. Aber es ist alles egal. Ich gerate in eine Debattierklasse. Sie findet draußen statt. Durch den Straßenlärm versteht man kaum ein Wort. Die Studenten klären mich auf, dass das in Ordnung sei und dass das zum Konzept so gehöre. Denn es müsse hier alles locker und ungefähr bleiben. Manchmal hört man etwas, das für einen wichtig sein könnte, mal weiß man nicht, wovon da gerade gesprochen wird. Der Gastprofessor weiß das alles möglicherweise nicht. Er tut mir etwas leid. Denn er redet und redet und keiner hört ihm wirklich zu. Der Gastprofessor ist kein geringerer als Udo Jürgens.

Das Leben findet im Treppenhaus statt. Darin gibt es auch einen Baum. Aus den Ästen und Wurzeln zweigen sich Gebilde, die Bänke und Stühle sind, auf die man sich setzen kann. Zuoberst in der Krone ist eine Kapelle. Man fährt hier auch mit dem Auto. Es ist sehr eng und es wird empfohlen, beim Überholen den Kopf einzuziehen. Ich ernte Gemüse. Jemand spielt Saxophon.

Ich bin unterwegs. Im Kopf stelle ich mir vor, dass ich eine Obdachlose bin. Das Erstaunliche ist – obschon ich nichts davon erzähle –, dass die Leute beginnen, mich tatsächlich für eine Obdachlose zu halten. Manche geben mir Geld, andere wenden beschämt den Blick ab. Ich versuche den Obdachlosengedanken umzuwandeln und denke an eine Opernaufführung, wo sich diese Verwandlung als künstlerischer Akt gut zeigen ließe. Unter meinem Arm habe ich dreißig Puppen geklemmt, die ich mir in einem Krämerladen gekauft habe. Es mussten dreißig Puppen sein, denn mit dem Kauf konnte ich auch Milchpulver kaufen, das ich eigentlich haben wollte und nicht die Puppen. Das Milchpulver befindet im Bauch der Puppen. Aus dem Milchpulver habe ich vor leckeres Eis zu machen.

Ich bin in der Stadt. Da ist einer, der Sätze verkauft. Ich bin die einzige, die sich für die Sätze ernsthaft interessiert. Doch der Mann will mich als Käuferin nicht. Ich bin etwas frustriert. Stattdessen bietet mir ein anderer an, den Staat aus der Finanzkrise zu retten. Ich habe nur vierundzwanzig Stunden Zeit, bin aber bereit, die Herausforderung anzunehmen. Ich habe die geniale Idee, bei jedem Kauf, jeder Dienstleistung konsequent einen Schweizer Franken mehr dazuzurechnen, und schon wäre damit alles geregelt. Ich rechne alles grob durch und bin mir sicher, dass der Plan aufgeht. Ich eile zum Bahnticketschalter, wo bereits eine lange Menschenschlange steht und erkläre die Idee meiner Kalkulation und dass es dringend sei, sofort mit der Umsetzung zu beginnen. Ich halte meine Idee für außergewöhnlich clever und fühle mich fantastisch.

Y. steht vor einer großen Statue in der Art
von Michelangelos «David». Nur dass hier
«David» ein Höschen trägt. Ein Vögelchen
nähert sich der Figur, worauf «David» ganz
schnell sein Höschen einen Spalt breit öff-
net, sodass der Vogel darin verschwinden
kann. Y. nähert sich der Skulptur, um zu
prüfen, ob sie wirklich aus Stein gehauen
ist. Sie ist aus Stein. Da dämmert Y., dass
er gerade einen verdammt guten Moment er-
wischt haben muss, um diese kleine Szene
beobachten zu können.

Ein Haus mit einem großen Fenster. Davor Wasser. Wenn man das Fenster öffnet, kann das Wasser hereinschwappen. K. ist im Haus und flirtet. Sie flirtet mit einem, der schon tot ist. K. weiß das. Auch der Tote weiß das. Deswegen hat das Flirten einen besonderen Wert. K. findet es toll, dass es der Tote geschafft hat, zu K. herzukommen. Es gibt auch Tote, die wie Geister vorbeigehen und einen nicht mehr kennen. Das ist hier nicht der Fall.

Eine Katze verfolgt uns. Es ist ein Kater, der
sich aus seinem Körper schält. Er klettert
mit seiner neuen Form Wände hoch. Er
schaukelt vertikal durch den Raum. Wir
schauen ihm fasziniert zu. Dabei blicken wir
mehr imaginär als wirklich drein. Der Kater
weiß das und wartet, bis wir möglichst aus-
schließlich in der Imagination sind und
nicht mehr in der Realität. Dies ist der
Grund, warum er sich für uns herausge-
schält hat aus seiner ursprünglichen Form.
Die Vorführung ist exklusiv. Wir teilen eine
geheime Sprache. Manche von uns werden
selbst zu Katern. Wenn der darstellende Ka-
ter einem von uns die Nase anstupst, wissen
alle, dass der angestupste Kater entweder
ein Mensch ist oder der angestupste Mensch
eigentlich ein Kater ist.

Meine Oma besucht mich. Wir trinken Bier. Der Verleger ist auch da. Ich frage ihn, ob er genug für seine Fitness tue. Ob er seinen Händen gut schaue. Im Nu schält er mir, zum Beweis wie gut seine Hände funktionieren, eine Limette. Er reicht sie mir. Ich esse sie. Die Limette ist sehr süß.

E. ist Verkäuferin auf dem Markt. Drei
Hunde kommen an ihren Marktstand. Zur
Begrüßung muss sie ihnen ihre Hand ins
Maul legen. Die Hunde beißen sanft zu. Das
ist die Form der Begrüßung. E. kann gut
verkaufen. Sie argumentiert hervorragend.
Zudem hat sie einen verblüffenden Trick
drauf. Sie tippt den Leuten sanft auf die
Stirn. Durch diese Berührung verfallen sie
in ein ultrakurzes Koma und sind fortan ei-
nem Kauf gegenüber positiv eingestellt.

Ich bin an einer Gala mit lauter Filmschaffenden und unterhalte mich mit Morgan Freeman. Er erzählt etwas von einem «Sundance London Festival». Davon habe ich noch nichts gehört. Ich schlucke leer. Mein Englisch ist äußerst schlecht. Ich kann kaum einen Satz sprechen und habe auf einmal einen extremen Akzent. Ich höre mich folgenden Satz sagen, der mir schwer über die Lippen geht: Do the Hollywood people know only about the Hollywood people that know about Hollywood movies that are interested only in Hollywood movies and Hollywood people?» Ich fühle mich idiotisch und schwitze. Freeman ist nett. Er plaudert unbeirrt weiter, ohne mir die Frage zu beantworten.

T. hält einen Vortrag über Schönheit. Sie
kann nicht aufhören, über die Schönheit zu
sprechen. Sie sieht die Schönheit überall.
Wo sie auch hinweist, ist Schönheit. Schön-
heit, über die T. schlüssig sprechen, sie
nach allen Kriterien der Schönheit beschrei-
ben kann. T. möchte mit dem Publikum in-
teragieren und es ins Thema Schönheit di-
rekt einbinden. Sie bittet eine Frau ihren
Mund zu öffnen, um die Schönheit auch da
zu offenbaren. Die Frau öffnet den Mund.
Sie hat schreckliche Zähne. Dunkel, fleckig,
das Gebiss voller Spalten, als fiele ihr das
Gebiss demnächst aus. Doch T. ist begeis-
terter denn je. Sie preist die Schönheit im
Makel, lässt das Publikum an der Vielfalt an
Formen teilhaben, lobt die Nuancierungen
der subtilen Farbgebung. Das Vokabular
will T. nicht ausgehen. Und tatsächlich be-
steht eine Zahnreihe der Frau nicht aus
Zähnen, sondern aus Halbedelsteinen: aus
Opalen, Jadeiten, Quarzen.

Mir wachsen seitlich zwei lange Koteletten im Gesicht. Sie reichen bis zum Kinn. A. hat auch welche. Aber ihre sind kürzer und somit adretter. Unsere Mütter erzählen, dass sie früher auch welche trugen. Wir sind empört, dass wir die Fotos unserer Mütter mit den Koteletten bisher nie gesehen haben. Wir finden das eine Schande. Trotzdem fühlen wir uns innerlich wie Neandertaler. Ein japanisches Pärchen erscheint. Es ist traditionell angezogen. Beide tragen einen Kimono. Das Paar heißt Qö. Wir können den Namen kaum aussprechen, so kompliziert ist er. Die Frau, die eine Gästeliste führt, schreibt Qö, aber auf Japanisch. Ab da können wir uns den Namen nicht mehr merken. Das Paar wünscht später bei der offiziellen Begrüßung, auf keinen Fall von uns umarmt zu werden. Die Frau, die die Gästeliste führt, notiert das.

Ich trage zwei verschiedene Schuhe. Eine geglückte Flucht liegt hinter mir. Wir sind in einem Hof, wo wir alle mit Pokergesichtern herumlaufen. Wir verkaufen Lampen und Vasen mit echten Bergkristallen. Die Situation ist sehr angespannt. Ein zivilisierter Hund flicht einer Frau Zöpfe. Ich bin etwas neidisch. Ich hätte gerne, dass dieser hellbraune Labrador auch mir Zöpfe flechten möge. Aber irgendwie scheint dieser Hund dieser Frau alleine verfallen zu sein. Er scheint exklusiv für sie zuständig zu sein.

L. sitzt am Fenster. Auf einmal sieht L. wie ein Fisch am Fenster vorbeischwimmt-fliegt. L. geht hinaus, weil er nicht glauben kann, was er da gerade gesehen hat. L. versucht Antworten zu finden. Wahrscheinlich ist der Fisch sehr leicht, sodass er so gut in der Luft schwimmen-fliegen kann. Außerdem ist dem Fisch wahrscheinlich gar nicht bewusst, dass er überhaupt schwimmt-fliegt. Würde er das wissen, prallte er sofort am Boden auf und der Zauber wäre vorbei. L. muss daher beginnen, den Schwimm-Flug des Fisches als normal anzusehen. Später sieht L. noch einen anderen Fisch. Dieser ist länger, hat gelbe Flecken auf dem schwarzen Leib. L. hat diese Fische lieb. Unbemerkt kommt eine Frau durch den Schrank in L.'s Wohnung. Sie legt sich auf den Boden und bittet L. ihr ins Gesicht zu schlagen. Sie mag das so. L. ist noch voller Fischzauber und will sich diesen Wünschen nicht beugen. Ich kann nicht, sagt er. Er meint zudem, dass er ansonsten stets in Gesichtern lese, daher er nur schon aus diesem Grunde keineswegs in das schlagen könne, in dem er sonst lesen würde. Wer liest, der kann nicht zuschlagen, findet L.

Im Theater. Auf der Bühne dürfen die Gäste «Alle gegen alle» spielen. Manchen gefällt das nicht. Sie sind ratlos. J. beginnt, sich zur Musik zu bewegen. Sie tanzt sitzend. Ihr Partner ist der Stuhl. Sie steht auf und dreht den Stuhl auf einem Bein herum. Dann setzt sie sich auf den sich drehenden Stuhl. Es geht alles sehr leichtfüßig. Ein Freund sitzt in der Menge. Er ist großgewachsen und sieht zu. Er hat eine Föhnfrisur wie Farah Fawcett in den Siebzigern. Das ist die Blonde von den «Drei Engel für Charlie».

Im Treppenhaus findet ein Fest statt. Ein Theaterstück wird aufgeführt. Drei Boutique-Tüten, allesamt sehr schick, jagen sich gegenseitig auf der Bühne. Sie haben Motoren und Räder eingebaut und flitzen herum. Es sieht aus, als hätten diese Tüten winzige Schlittschuhe an. Alles geht sehr flink. Da es sich hier um ein historisches Theaterstück handelt, habe ich Zweifel, ob diese rasenden Tüten zum Stück passen. Oder ob ich gerade diesem Stilbruch einen Reiz abgewinnen kann.

F. ist mit einem alten Schulfreund verabredet. Er hat eine Macke. Während er mit Leuten spricht, muss er sie beidhändig halten. Das ist für manche beklemmend. Andere finden dies obszön, allemal eigenartig. Damit F. sich nicht verläuft und das Haus findet, wo sie verabredet sind, verspricht der alte Schulfreund vor dem Haus rote Blüten – Rosenblätter oder Orchideen – zu verstreuen. Als sich F. seinem Haus nähert, sieht sie tatsächlich rote Blüten am Boden verstreut. Aber es sind keine Orchideen, keine Rosen, sondern Salatblätter vom roten Chicorée. F. findet das nicht in Ordnung, verzeiht es aber dem Schulfreund, während sie durch eine enge Öffnung und dann eine Wendeltreppe emporgeht. Der Schulfreund wartet bereits. Ein großer Fisch soll sich bald zu den beiden noch hinzugesellen. Der Schulfreund versichert, dass es wert sei zu warten. Denn dieser Fisch soll eine Sensation sein.

O. betreibt ein Strumpfwarengeschäft. Diesen frequentieren vornehmlich langbeinige Models. Die Top-Strümpfe, die sich am besten verkaufen, sind weiße, fast durchsichtige Modelle, mit einem diagonal verlaufendem Muster. Gewisse Models tragen aus Überzeugung nur die Strümpfe solo. Oben pudern sie sich ab, sodass man fast nichts sieht. Die Models sind aber bösartig. Sie können, wenn es ihnen passt, ihre Beine durchsichtig machen. Dann greift man ins Leere. Und während man sich als Außenstehender ärgert, essen die Models und amüsieren sich. Trotzdem ist O. eine hervorragende Strumpfwarenhändlerin. Wenn sie damit begonnen hat, ihre Fragen zu stellen, kann sie nicht mehr aufhören aus dem Fragemodus herauszukommen. Denn aus jeder Antwort kreiert O. eine neue Frage. Aus jeder neuen Antwort eine neue Frage. Und so weiter und so fort. Und die Strümpfe verkaufen sich wie nebenbei.

Ich gleite mit zwei rosafarbenen Riesenpantoffeln durch die Stadt. Sie gleichen Skateboards. Ich bin gut unterwegs. Auch andere gleiten, aber langsamer. Ich darf aus dem Flug beobachten wie Knospen aufgehen. Die Knospen sind schön und weiß und ich muss innerlich bitterlich weinen. Denn ich wurde so erzogen, dass man das Aufgehen von Knospen unbedingt mit anderen teilen muss und alleine nicht genießen soll. Es ist aber keiner da.

Ich trage eine fleischfarbene Hose. Sie passt mir gut, schmeichelt meiner Figur. Eine Frau kommt vorbei. Sie sagt, dass sie sich an Fleischkäse erinnert fühlt, wenn sie mich ansieht.

Ich bin mit Hollywoodgrößen unterwegs.
Angelina Jolie ist da, auch Meryl Streep. Wir
hängen herum und ich erzähle, dass ich die
Aufgabe habe, mich für eine Phobie zu ent-
scheiden. Der Vorschlag, der an mich her-
angetragen wurde, betrifft Räume. Solche,
die ich nicht gerne betreten würde, wenn sie
keine Fenster haben. Ich sehe vor mir, dass
ich keine großen Einkaufshäuser, keine
Clubs, keine Untergrundbahnen werde be-
treten können, wenn ich der Phobie zu-
stimme. Das gefällt mir nicht. Eine Freun-
din kommt vorbei, um mich aufzumuntern.
Sie hat Tüten mit Erinnerungstücken aus
unserer Kindheit vorbereitet. Sie demons-
triert, dass man im Nu sein Kindergesicht
zurückbekommt, wenn man in die Tüte hin-
einschaut. Tatsächlich kann sie ihr Kinder-
gesicht aufsetzen, nachdem sie eine Weile in
die Tüte geblickt hat. Sie kann es wohl des-
wegen, weil sie über viele Jahre hinweg die
Hüterin unserer Kindheitserinnerungen
war.

Ich fliege in einem futuristischen Flugzeug. Es fliegt über dem Meer und landet unter Wasser. Die Landung geschieht in einem Tunnel, der ebenfalls unter dem Meer liegt. Der Landeanflug ist sehr eindrücklich. Ich sehe Stroboskop- und andere psychedelische Bilder vor mir. Diese Bilder werden auch als Live-Projektion auf dem Bildschirm angezeigt. Die Landung ist der reine Nervenkitzel. Als das Flugzeug zum Stehen kommt, verwandelt sich der ganze Lande-Ort in einen neuen riesigen Raum, der wie ein Raumschiff unter Wasser daherkommt. Ich gehe in eine Bar, in der man Polnisch spricht und man sich im Besonderen über gebürtige Polen freut. Ich erzähle davon, dass ich einen neuen Schwimmstil entwickelt habe, bei dem man halbwegs trocken bleiben kann. Es ist dabei wichtig, möglichst wie ein Brett auf dem Wasser zu liegen und einzig kleine Bewegungen mit dem rechten Arm zu machen. Ich demonstriere das und merke, dass ich mit dieser Technik durchaus auch durch den Raum gleiten kann.

Ich bin in einer netten Gesellschaft. Wir trinken Sake aus steinernen Schalen. Ich kann meine Augen von den Schalen nicht abwenden. Ich liebe sie und muss sehr viel Sake trinken. Jemand gondelt in einer schwarz lackierten Gondel durchs Zimmer. Man muss die Gondel mit Pedalen treten. Ich muhe. Es gibt ein Zimmer hier, der geheim ist. Dort ist ein Lift, und wenn man Lust hat, kann man damit schnell nach New York fahren. Die Jazzmusikerin Sheila Jordan ist ebenfalls zugegen. Sie ist soeben durch den Lift aus New York angereist. Sie steht im Raum und spricht zur Verblüffung von uns allen Schweizerdeutsch. Sie sagt: Wämmer go ässe? Was wotsch go ässe? [übersetzt: Wollen wir essen gehen? Was willst Du essen?]

B. fährt eine Straße entlang, die so gelegen ist, dass man beim Durchfahren in die schönen, begrünten Innenhöfe hineinschauen kann. B. ist unterwegs zu einem Laden, wo ein neuartiges Konzept vorgestellt wird. In den Regalen findet man nebst den sonstigen Waren auch Frauen an. Sie heißen Zustupffrauen und bieten dort ihre Dienste an. Zum Beispiel Bügeln. Man kann sich also Yoghurt und Käse kaufen und dabei in der Auslage eine Zustupffrau entdecken, die man gleich engagieren kann. Die Organisation ist verblüffend einfach. Spontan, ohne Bürokratie, ohne Festanstellung. Später ist B. an einer Hochzeit, wo andere Frauen gewürdigt werden. Es werden jene geehrt, die gut mit kleinen Gegenständen umgehen können. Es ist die Rede von Pinzetten und Pipetten. B. muss bei diesem Wortpaar auflachen. Man betont bei der Würdigungsrede dieser Frauen, welche so gut mit kleinen Gegenständen umgehen können, dass man gerade mit sehr kleinen Dingen sehr große Wirkung erzielen kann.

Ich gehe mit einer Frau durch die Altstadt.
Wir sind eine Zirkusnummer. Sie ist die
Beine von mir und ich bin der Oberkörper.
Ich stoße in der Stadt zufällig mit einer alten
Bekannten zusammen. Sie trägt einen Hä-
kelbikini. Sie ist auf die Begegnung nicht
vorbereitet. Sie wirkt panisch, schüttelt sich
und gibt eigenartige Geräusche von sich. Ich
versuche sie zu beruhigen. Ich sage ihr:
Aber ich bin es doch. Ich bin's. Aber sie ant-
wortet nur: Graah, graaah, graaaah. Das ist
mir zu blöd. Ich beschließe daher, mich un-
sichtbar zu machen und wegzurennen. Das
gelingt mir, wenn ich mich wie ein irischer
Square-Dancer wie ein Brett versteife und
mich hüpfend auf zwei sich vertikal auf und
ab bewegenden Beinen davon mache. Ich
drehe mich nicht um. Hinter mir wird es im-
mer leiser. Graaah, graaah, graaah.

U. sitzt im Theater und muss ihr Sandwich noch rasch aufessen, das sie versehentlich mitgenommen hat. Ein Inder sitzt hinter U. und fragt nach U.'s Namen. U. verrät ihn nicht. Sie will in Ruhe ihr Sandwich essen und sich nicht anmachen lassen. Der Inder philosophiert über englische, französische und indische Namen. Er möchte U. einen Namen geben. U. findet das lästig. Ihr Name steht längst fest. Das antwortet sie dem Inder und dieser beißt daraufhin U. in den Nacken. Er hängt ihr noch etwas im Nacken, während U. weiter isst. Eine Frau aus dem Publikum sieht der Szene zu. Sie hat etwas Mitleid mit U., fühlt sich aber durch das Essen etwas abgestoßen. Das Stück auf der Bühne beginnt. Es zeigt einen Vater, der seinem Sohn Nietzsche erklärt, so der Inhalt. Nach einer Weile beginnt der Sohn auf seine Weise nachzusagen, was der Vater ihm erzählt hat. Die Worte des Sohnes werden in kurzen Sätzen zeitgleich mit seinen Aussagen auf eine weiße Wand projiziert. Alles macht jetzt Sinn. Das Sandwich ist gegessen. Der Inder hat sich vom Nacken gelöst.

M. ist auf der Flucht. Eine Tanzgruppe hilft ihm. Die Tanzenden hüpfen um M. herum, machen Saltos und schaffen es auf diese Weise nicht aufzufallen, beziehungsweise M. aus dem Fokus der Verfolger zu nehmen. Aus der Tiefe eines Teichs holen die Tänzer eine mannsgroße Pelati-Tomate. Sie schälen die Tomate vorsichtig und bringen M. die Schale. M. zieht die Schale behutsam an. Es sieht aus wie ein rotes Latex-Kleid. Das neue Kleid ist sehr schön. M. fühlt sich wie ein Tänzer und ist aufgelegt, ein wenig im roten Kleid zu tanzen. Um keinen weiteren Verdacht zu schöpfen, klebt sich M. demonstrativ zur Tarnung ein paar falsche Wimpern an. An der Autobahnhaltestelle machen sie Rast. Man kann dort Hand essen. Viele abgetrennte Hände hängen herum, aber M. ist unschlüssig. Einer der Tänzer hat keine Lust auf die Hand. Er bestellt etwas, das nicht in der Karte steht, aber immer zu haben ist: Einen Teller Spaghetti Bolognese. Auch M. möchte jetzt lieber Pasta statt Hand.

Eine alte Lehrerin erzählt von einem Wald
bei Wien, wo die Bäume tanzen. Die Schüler
können das nicht glauben, doch die Lehre-
rin zeigt zum Beweis einen Dokumentarfilm.
Dort sieht man wie die Bäume sehr wohl
tanzen. Sie schwingen ein wenig, drehen
sich um ihre Achse, bewegen ihre Blätter.
Die Lehrerin schließt ihren Vortrag mit der
Betonung ab, dass es nur etwa siebenhun-
dert solcher Bäume weltweit gebe. Daher sei
es schwierig sie zu finden oder gar einen
Film wie diesen zu drehen.

T. schreibt eine Widmung in ein Buch. Er nimmt einen Stift zur Hand und beginnt. Er schreibt und schreibt und kann nicht mehr aufhören. Er erreicht das Ende des Buchs und wird mit dem Stift in der Hand zur Bühne weggetragen. Wo ist das Papier, wo ist das Papier? Die Widmung ist noch lange nicht fertig, klagt T. Die Form der Widmung verändert sich. Es wird in ein Interview umgewandelt. T. bekommt eine Frage gestellt. Er antwortet. Und auf einmal geschieht dasselbe wie vorhin. Er kann nicht mehr aufhören zu reden. Er redet und redet und es will kein Ende nehmen.

K. lässt sich von einem Vögelchen etwas vorsingen. Das Vögelchen gibt das kleine Konzert nur für K. Der Gesang ist derart wunderschön, dass K. stolpern muss. Sie gerät in ein Gebäude, in dem gläserne Kuben sind. Darin wohnen oder arbeiten Menschen. Es sind hippe Leute. An den Decken ihrer gläsernen Kubenstudios sind Spiegel montiert. Es geziemt sich nicht, direkt in die Kuben zu blicken. Stattdessen schaut man indirekt über die Spiegel an den Decken ins Innere. Wenn man die Blicke der Menschen in den Spiegeln sieht, erkennt man Blicke dieser Kubusbewohner, die einem unsicher entgegenschauen. K. trägt eine mumienartige Puppe. Sie sieht antik aus. K. hat sich die Puppe aus alten Unterhosen genäht.

Die alte Frau bietet zwei jungen Freundinnen etwas zu essen an. Viel hat sie nicht anzubieten. Einzig ein letztes Stück Kuchen liegt auf dem Holztisch. Die alte Frau schneidet den Kuchen in sechs kleine Stücke und überreicht eins den verdatterten Freundinnen. Die alte Frau möchte einkassieren. Die beiden Freundinnen fühlen sich veräppelt. Auf dem Dachboden des alten Hauses befindet sich ein Speicher, wo flüssiges Fett aufbewahrt wird. Man hört hier etwas herumspringen. Es sind Außerirdische, die sich hier eingerichtet haben.

Wir sprechen über Hannah Arendt, die auch durch ihre Art eine beeindruckende Persönlichkeit war. Ich sage zu R.: Du hast da hinten etwas. R. dreht sich um und tatsächlich hängt ihr ein kleines Zebra aus dem Hals. Ich möchte es fotografieren, aber das Zebra versteckt sich vor der Linse, als wollte es mit mir spielen. Ich muss nießen und da fallen dem Tier alle Organe aus dem Leib. R. stopft sie fachmännisch wieder rein und erklärt lakonisch: Typischer Bauchriss.

Ich habe im Rausch ein Buch geschrieben und kann mich nicht mehr daran erinnern. Außerdem schrieb ich es auf Französisch, was mein Vergessen stärkt. Die Leute sind über das Buch entzückt. Ich kann nicht mitreden. Aus dem Klavier wächst eine Pflanze. Ich denke, dass es für das Instrument gut wäre, wenn die Pflanze gestutzt würde. Auch stören mich die unzähligen Tannennadeln, die unter dem Instrument zerstreut herumliegen.

Ich muss einen Hund einschläfern. Es gelingt mir nicht, mich zu überwinden. So schläfere ich den Hund nur so ein, dass er schlaff wird. Er schläft ein wenig, dann wacht er auf. Ich schläfere erneut ein. Wieder schläft er nur wenig, wacht auf. Ich bin im Stress. Dies geschieht im Gefängnis, wo sich die Insassen frei bewegen, ohne in Zellen gehen zu müssen. Sie haben im Gefängnis stattdessen eine Gefängnisstadt erbaut. Sie dürfen frei sein, nur raus dürfen sie nicht. Ich besuche diesen Ort mit mulmigem Gefühl. Wenn ich auf einen bestimmten Knopf drücke, lässt man mich heraus. Aber ich muss auf Zehenspitzen und sehr vorsichtig zum Knopf gelangen. Sonst könnten die Insassen diesen Knopf entdecken.

Z. ist ein einem fernen Land, wo man nur wenig Luft bekommt. Es ist eine beklemmende Situation. Das Atmen geht schwer. In diesem Land wird man nie einen blauen Himmel zu sehen bekommen. Z. ist dabei, innerlich in Panik zu geraten, aber er beherrscht sich. Denn er kann nicht weg. Der Himmel und überall sonst auch ist eine gelbe, nebulöse Decke. Es sind infernalische Zustände, in denen die Menschen hier leben. Z. fallen ein paar farbige Haargummis aus der Hand. Dann hüpft ein Pünktchen heraus. Z. stellt fest, dass das Pünktchen lebt. Es ist eine kleine Spinne, die immer größer wird. Sie kann die Farben wechseln. Beim genauen Betrachten erkennt Z., dass das Spinnenpünktchen Strümpfe trägt. Sie sind pink, gelb und grün. Z. nimmt einen Desinfektionsspray zur Hand. Er besprüht das Tierchen. Seine Augen werden größer und klarer. Es kommt Z. vor, als würde er das Pünktchen mit dem Spray beleben.

V. sitzt in einer Veranstaltung an einem ge-
deckten Gala-Tisch. Gegenüber sitzt Angela
Merkel. V. bewundert Frau Merkel. Denn sie
hat sich statt Schmuck anzuziehen, eine
Brosche angelegt. Die Brosche ist mit
Strasssteinen verziert. Frau Merkel hat die
zweiteilige Brosche wie einen Schmetterling
auf ihre beiden Nasenflügel montiert. V.
nickt anerkennend. Sie weiß, dass es nur
eine Frage der Zeit ist, bis alle mit solchen
Broschen auf den Nasen herumlaufen.

Ich sitze auf einem Sessellift. Unten in einer Waldlichtung wohnen ferne Verwandte von mir. Ich werde sie einmal besuchen und schauen wie sie im Wald zurechtkommen. Im Sessellift neben mir sitzt eine Frau. Wir tragen enge lange Abendkleider. Der Sessellift ist nicht gesichert. Wir rutschen auf unseren langen, engen Stoffen. Ich beginne mein Abendkleid ganz langsam, Zentimeter für Zentimeter nach oben zu ziehen. Ich bewege mich wie eine Schlange, die sich häutet, bis ich mit bloßen Oberschenkeln im Sitz bin. Ich bin erleichtert keine Strumpfhosen zu tragen. Die Frau neben mir tut es mir schweigend gleich.

Pferde rutschen dem Hang entlang. Sie haben das Dorf belagert. Überall sind die Pferde los und wollen den Hang herunterrutschen. Sie haben gute Launen und rutschen fröhlich wiehernd von oben nach unten. Die Pferde sind riesig. Wir schauen dem Spektakel durch die Fenster zu. Die Pferde verziehen ihre Gesichter, wenn sie rutschen. Einmal schaut mich ein Tier sehr direkt an. Es hat ein böses Gesicht und ich schließe das Fenster. Ich fühle, dass ich mich gerade in einem sehr zerbrechlichen Alter befinde.

Ich bin mit der Familie in der Kirche. Der Gottesdienst zieht sich derart in die Länge, dass gewisse Leute zwischendurch essen gehen und später wiederkommen. Ich vertrete mir ebenfalls die Beine. Ich entdecke ein Eichhörnchen. Es ist sehr niedlich und ich bin entzückt. Das Tier sieht mich zornig an. Es nimmt etwas Erde, formt daraus einen Klumpen und wirft diesen nach mir. Es erwischt mich und ich denke, dass das eine Botschaft sein muss. Eine alte Frau rupft ihr Huhn. Zwei Katzen gehen an mir vorbei. Eine kenne ich, die andere heißt Knoblauch. Statt eines Schwanzes hat sie eine Knoblauchwurst. Daher der Name.

B. ist in einem Yoga-Kurs. Es ist ein freier Yoga-Kurs, wo man sich eine Stunde lang so bewegen kann wie man will. Später essen wir fingerdicke Nudeln. Eine Frau zeigt mir ein Regal. Es lässt sich öffnen wie ein Buch. Darin habe sie ihre Projekte untergebracht, erklärt sie. Das Buchregal fasst viele Projekte und ich möchte mehr wissen. Die Frau aber sagt, nicht sie solle reden, ich müsse es stattdessen. Ich frage: Warum? Wegen meiner Projekte etwa? Weil du die größeren Füße von uns hast, antwortet sie.

D. wohnt in einem Haus, wo es von Katzen
wimmelt. Überall sind Katzen und wenn D.
ein Fenster öffnet, muss sie aufpassen, dass
nicht auch noch die Katzen reinkommen,
die draußen vor der Türe lauern. D. ist Kat-
zenhändler. Nur seine eigene Katze steht
nicht zum Verkauf. Alle anderen schon. Es
ist eine große Herausforderung für D. die
Übersicht zu wahren. Nicht nur wegen der
Katzen, die überall hervorkommen oder sich
verstecken, sich mehren oder sich ähneln.
Es sind auch die Kunden, die D. zu schaffen
machen. Der eine hat Skonto, der andere
hat Spezialrabatte zugute. Was die Arbeit
zudem erschwert, sind die unzähligen Wäh-
rungen mit denen D. sich herumschlagen
muss wegen der internationalen Klientel.
Aber D. muss fair bleiben. Am Ende müssen
die Katzen in etwa alle gleich viel kosten.

H. sieht einen Film, der eine Komödie sein soll. H. sucht die Komödie im Film, findet sie aber nicht. Stattdessen ärgert sich H. über die schlechte Handlung, der H. nicht schlüssig folgen und den Plot nicht erkennen kann. Wenn sich das Paar mit den beiden Hauptdarstellern küsst, wird die Tonqualität besser. Auch die Stimmfarben der beiden Protagonisten werden angenehm. Sie beginnen zeitweilig zu singen, zu croonen, zu grooven oder lässig zu krächzen. Doch die Stimmen sind instabil. Das Paar muss sich immer wieder küssen, damit die Stimmqualität bleibt. Das findet H. anstrengend. Deshalb muss eine Band die guten Stimmen einfangen und den Film musikalisch untermalen, damit er erträglicher wird.

Ich bin in einem Laden und möchte gelbe Hosen kaufen. Es stehen drei verschiedene Modelle mit drei Gelbtönungen zur Verfügung und ich kann mich nicht entscheiden. Die Verkäuferin zieht die Hosen eine nach der anderen für mich an, damit ich mich besser entscheiden kann. Dass sie die Hose anzieht, gehört in diesem Laden zum Service dazu. Das sagt mir als Konzept zu. Später geht's zum Friseur. Denn ich möchte den neuesten Trend – Lauchhaare – auch auf meinem Kopf tragen. Ich warte und warte. Aber umsonst. Der Friseur meint, dass es für mich heute keine Lauchhaare gibt.

O. ist in einer Stadt unterwegs, die voller Hindernisse ist. O. ist gezwungen zu klettern, zu kriechen. Alle bewegen sich mühsam fort und man muss warten, bis einer irgendwo durchbalanciert ist, bis man selber vorwärtskommt. Für die einen ist die Stadt nichts weiter als eine sportliche Angelegenheit, für andere eine gefährliche Mission. Gerade, wenn man mit Einkaufstaschen unterwegs ist, muss man sich gut organisieren. Robert de Niro zeigt sich bereit, O. mit seinem Auto mitzunehmen. De Niro fährt schlecht und die Fahrt ist lebensgefährlich. O. steigt aus, aber sein Onkel zwingt O. wieder zurück ins Auto zu steigen und keine Schande zu machen. Es sei schließlich Robert de Niro. O. tobt vor Wut. Denn er fühlt sich in seinem Leben bedroht. Aber der Onkel ist stur: Höflichkeit geht vor, sagt er. O. kann nicht begreifen wie schlecht die Argumente seines Onkels sind.

In der Stadt ist ein Bär unterwegs. Er ist schnell und reißt alles mit, was ihm in die Quere kommt. E. sitzt mit einer Freundin in einer Bar draußen und lacht, dass der Bär los ist und dass es witzig sei wie der Spruch mit der Realität kollidiert. Auf einmal vernehmen sie, dass der Bär in der Nähe sein soll. Die Gäste rennen panisch in alle Richtungen. E. klingelt an einer Haustüre und eine alte Frau macht auf. E. und seine Freundin erklären, dass sie rein müssen. Die Alte lässt die beiden herein. E. sitzt auf dem Sofa und erzählt der alten Frau von dem Bär. Dann kommen noch andere Leute von der Straße hinzu, die hier ebenfalls Unterschlupf und Sicherheit suchen. Auch ein Polizist ist dabei. Plötzlich schabt und kratzt es an der Haustüre. Es ist der Bär. Es hört sich an wie ein Dutzend langer Damenfingernägel. Als er sich wieder verzieht, legen die Menschen Geldnoten auf den Tisch als Dankeschön für die Rettung. E. schämt sich ein wenig, dass er nicht selbst auf die Idee gekommen ist, der Alten etwas zu spenden. Stattdessen hat er sich ins Schlafzimmer der Frau verzogen und studiert dort Nachttischlampen. Er ist baff erstaunt, dass die

Alte so schöne Nachttischlampen hat und
dass es mindestens zwanzig Stück sind.

Ich fahre im Lift meiner Jugend. Ich spreche mit einer Frau, die schon weg ist. Erst als sie weg ist, gelingt das Gespräch. Ich spreche mit der Abwesenheit dieser Frau. Und während ich rede und rede, bin ich auf einmal nicht mehr sicher, in welcher Zeit ich mich befinde. Ob ich noch da bin oder bereits auf der geplanten Zugreise, die dazu da ist, um über die Abwesenden zu sprechen. Ich frage die Abwesenheit der Frau, ob sie mir helfen könne mich zu orientieren. Bin ich gerade da oder doch dort? Fährt der Zug bereits oder wo finde ich die Indizien für das Hier und Jetzt? Ich bekomme keine Antworten. Auf einmal höre ich ein Summen. Es ist das Summen einer Mücke. Da weiß ich, dass ich da bin. Hier und jetzt. Denn eine Mücke würde sich jemand, der nicht da ist, sondern lediglich träumt oder dort ist, nicht ausdenken. Die Mücke ist lästig. Aber ihre Existenz ergibt für ein paar Sekunden einen tieferen Sinn.

Eine Frau lacht. Sie kann nicht aufhören zu lachen. Sie lacht laut und in einem Loop. Als sie sich langsam beruhigt, bittet man sie, etwas Kluges und Bleibendes zu sagen. Die Frau sagt: Erstens. Wir werden alle sterben. Dann beginnt sie wieder zu lachen. Ich staune, dass mit dieser Aussage alles gesagt wurde, was gesagt werden muss. Ich weiß, dass kein «zweitens» folgt. Ich sitze mit einem Pandabär zusammen. Er ist rund und klein und könnte für ein Plüschtier gehalten werden, aber das Pandabärchen lebt. Damit es dem Tier nicht langweilig wird, bringe ich ihm das Nähen bei. Wir fangen ganz langsam, ganz von vorne an. Ich zeige ihm die Öse und erkläre, dass durch die Öse der Faden durchgehen muss.

J. schlendert durch die Straßen. Sehr schöne, übergroße Männer begegnen J. Sie sind drei Meter hoch. Sie blicken auf J. herunter und grüßen. Jemand sagt, dass das eine optische Täuschung sei. Die Männer seien in Wirklichkeit normal groß. J. dreht sich um, aber sie kann es nicht überprüfen. Die Männer sind schon weg. Durch ein Fenster gespäht, sieht J. wie in einer Wohnung ein Nagellack ausläuft. Jemand putzt sich die Zähne. Ein Vogelschwarm macht vor den Füßen von J. Rast. Es hat sich hingelegt. Hie und da bewegt sich ein gewölbtes, erschöpftes Bäuchlein, ein Flügelchen. J. fotografiert das Spektakel wie im Rausch. J. ist gestresst, denn der Schwarm kann jederzeit wieder losfliegen. J. weiß, dass sie für den Abflug des Schwarms, den Apparat unbedingt auf «Video» umschalten muss. Aber J. kann nicht aufhören, den vor ihr liegenden Vogelschwarm abzuknipsen. Sie knipst wie im Rausch und ohne Halt.

Eine Freundin möchte mit mir eine Wanderung unternehmen. Wir werden uns nicht einig. Sie möchte in die Wüste, mich zieht es ans Wattenmeer. Daher fliege ich aus Trotz nach New York zu einem Augentest. Herbie Hancock ist zufällig auch da. Denn auch er muss zum Augentest. Ich sage: Hey, Herbie. Ich halte meinen Daumen hoch als Zeichen der Anerkennung für sein Schaffen. Die anderen Leute johlen ihm jetzt auch zu und klatschen. Als ich drankomme, schlägt die junge Ärztin vor, dass wir vor dem Augentest noch ein wenig dösen sollen. Ich halte das für einen Scherz. Aber sie zeigt forsch auf das vorbereitete Klappbett, auf das ich mich legen soll. Ich gehorche. Aus dem Augenwinkel sehe ich, dass die Ärztin schon eingedöst ist. Sie schläft stehend. Der Sehtest im Anschluss ist eigenartig. Er wurde für die Amerikaner simplifiziert. Statt der Buchstaben und Zahlen, die wir normalerweise bei Sehtests entziffern müssen, sind dort Symbole mit Abbildungen aus Menukarten. Ich sehe eine Nudelsuppe, eine Pizza, einen Hot Dog.

P. fährt mit dem Auto. Er passiert einen
Kreisel, auf dem ein Fiat 126 ausgestellt ist.
P. ahnt nicht, dass dies ein Zeichen dafür
ist, dass er nach dem Kreisel eine Strecke
befahren wird, die sich vor allem für Fiat
126 Autos eignet. P.'s Gefährt ist aber
größer und er hat große Mühe auf der engen
Straße durchzufahren. Er manövriert,
schwitzt. Als er am Ende der Straße unten
ankommt, warten dort unzählige Handwer-
ker, um ihm weiterzuhelfen. P. steigt aus
und es begegnet ihm einer mit einem Hund.
Der Mann sagt, dass sein Hund eine Ge-
schichte hören möchte. P. ist überfordert. Er
kennt keine Geschichte, die für einen Hund
interessant sein könnte. P. nimmt daher ein
Stück Karton und überreicht sie dem Hund.
Er weist den Hund an, so lange den Karton
zu falten bis aus dem Karton ein Hund ent-
steht. Nach ein paar Anläufen gelingt es
dem Hund, einen Hund im Origami-Stil aus
dem Karton zu basteln.

Im Haus hat sich im Keller ein Pärchen ein-
genistet. Es gibt sich als die aus, die oben
wohnen. Sie sind Schauspieler und warten
nur auf die Gelegenheit bis sie aus dem Kel-
ler kommen und oben die Wohnung für sich
übernehmen können. Sie kamen über die
Landesgrenze, die beschwerlich war zu
überwinden. Sie mussten einen Fluss über-
queren, aber da es keine Möglichkeit gab
wegen der Koffer, mussten sie eine steile,
lange Treppe nehmen und den Fluss von
unten überwinden. Unterqueren sozusagen.
Es gab keinen Lift und keine Rolltreppe.
Rolltreppen wurden abgeschafft, weil sie ir-
gendwann als unhygienisch deklariert wur-
den.

W. ist im Hotel und möchte sich morgens fertig machen. Sie muss noch duschen, sich schminken und anziehen. W. vereinbart mit dem Zimmermädchen, dass sie in zwanzig Minuten fertig sein würde. Doch das Zimmermädchen versteht nichts und klopft alle dreißig Sekunden an die Türe. W. muss sich daher sehr gestückelt vorbereiten. W. ist zu einer Lesung unterwegs. Im Theater angekommen, muss sie über schlafende Schlangen gehen. Die Schlangen liegen langgestreckt am Boden. Auch zwei Kazen haben sich schlafend zu den Schlangen gelegt. Eine gebückte Concierge streut eine Gewürzmischung über die Tiere.

Nach der Lesung ruft G. zum Austausch aus. Die Leute stellen sich auf Gespräche, den verbalen Austausch ein. Doch G. möchte einen wirklichen Austausch. Er möchte Gegenstände tauschen. Gegenstände, die die Leute gerade dabeihaben. Eine Art spontane Tauschbörse. Einer beginnt zu posieren. Er möchte Passfotos machen. Aber lediglich solche von Hinterköpfen. Ein Model betont die Wichtigkeit eines Schmollmunds, der sich auf Fotos ausgezeichnet mache.

Ich bin in einem Museum unterwegs. Ein
Mann von der Aufsicht fällt mir ins Auge.
Denn er trägt eine Nase auf seiner Nase. Er
sieht aus wie ein Dinosaurier. Er ist streng.
Er weist an und wir müssen uns seinen An-
leitungen beugen. Ich kann mich nicht zu-
rückhalten und sage dem Mann, dass seine
Nase widerlich sei. Ich sage noch «Grüsel».
Der Mann schaut mich direkt und ungläu-
big an. Ich versuche es netter auszudrücken
und formuliere: «Zumindest haben Sie etwas
von einem Grüsel». Daraufhin nimmt er
seine Nase ab und sagt mir, dass er eigent-
lich sehr nett sei und dass er hier nur sei-
nen Job gut machen möchte.

Als K. auf den Ahornbaum geklettert ist, er-
scheint es ihr nicht nur plausibel, sondern
unabdingbar, ihre Internationalität abzule-
gen.

Es ist unmöglich nicht hinzuschauen. Er sitzt da, lesend, konzentriert und gefasst. Mit einer Hand hält er das Buch, während die anderen drei Arme um ihn herum ruhen. Aus seinem Ohr dampft es lila.

Mehrere Tage lang kämpft sich B. durch das abstrakte Werk, das ihm empfohlen wurde. Dann findet er endlich die magische Stelle, die Bilder evoziert, Formen gestaltet, Töne aufsteigen lässt und alles auf einnehmende Weise miteinander mengt, als wäre es ein Kinderspiel. Wenige Minuten, die das Gleichgewicht halten. Als B. das Buch erleichtert zusammenklappt, beginnt die Welt auf ihn einzustürzen.

Die Kinder müssen an Weihnachten nach
Isidora Duncan tanzen.

Musik ist es, die M. und T. verbindet. Sie spielen aber nie zusammen, hören nie gemeinsam Musik und sprechen auch nicht über die Musik. Sie haben ganz andere Themen. Austern beispielsweise.

C. sammelt mit der Leidenschaft einer Su-
chenden. Die Augen stets offen und wach,
isoliert sie alles Azurblaue, das ihr begegnet:
Himmel, Buchrücken, Blüten, Knöpfe, Se-
geltuchtaschen. In der leeren Glasvitrine des
Stadtmuseums lässt sie ihre Seele baumeln.

Als guter Bekannter des Verhörten U. muss G. im Prozess aussagen. Der Tag der vermeintlichen Tat ist in G.'s Agenda leer. Nicht aber, weil nichts drinsteht oder weil G. die Notizen wegradiert hätte. Es ist die August-Sonne selbst, die die ganze Woche im auf dem Fenstersims liegenden Kalender ausgebleicht hat. Zunächst ist G. darüber erleichtert. Nach dem Prozess-Ende, das zu Ungunsten des Angeklagten U. ausfällt, gerät G. ins Grübeln.

In der freundlichen Distanz wie Fremde miteinander umgehen, sind sich R. und L. nach Jahren wieder zufällig begegnet. Was ihre damals enge Freundschaft auseinanderbrachte und ob der Bruch ein plötzlicher oder ein schleichender war, weiß keiner von ihnen. Mit süßen Nougat-Pralinen im Mund gehen sie gedanklich auf Ursachenforschung. Dabei laufen ihnen kühle Schauer der Wirbelsäule entlang.

W. ist, so scheint es allen, die W. zu kennen glauben, der fröhlichste und bestgelaunte Mensch auf Erden. Dass sich W. die negativsten Szenarien ausdenkt, nicht selten glaubt, sie könnten Wirklichkeit werden oder dass er gelegentlich über schlimme Wendungen spricht, nimmt man W. nicht übel. Als W. behauptet, die Leute würden tendenziell nach Dill riechen, beginnt man ihm zuzuhören.

Kein Tag vergeht, ohne dass J. nicht mit
dem Pinsel in der Hand über Leinwände
fährt und Bilder malt. Mal größere, mal klei-
nere. Mal sind die Gemälde monochrom,
mal mehrfarbig, aber stets abstrakt und an
Textilien erinnernd. Als J. beginnt, mit dem
Malen erfolgreich zu werden, legt er den
Malpinsel zur Seite und findet stattdessen
Entspannung im Nachschlagen von Fremd-
wörtern.

R. strickt exzessiv, wenn auch mit neutraler Miene. Viele sorgen sich, als sie R. so exzessiv stricken sehen. R. blickt kaum auf, beteiligt sich nicht an Gesprächen, denn sie ist auf die Stricknadeln fixiert. Jeder hat seine eigene Interpretation über R.'s Hintergründe zum Stricken und weshalb R. vorwiegend am Bahnhof strickt, dazu oft mittendrin, auf dem Perron, beim Treffpunkt, an der Rolltreppe, meistens zur Stoßzeit. Es gibt unzählige Mutmaßungen. Keine stimmt.

Als man R. sagt, sie sei eine starke Frau, wird sie zum ersten Mal schwach und erholt sich fortan nicht mehr. Hier kann auch kein warmes Kerzenmeer helfen. Auch kein kühles Neonlicht. Warme Fußböden allerdings besänftigen R.'s aufgewühltes Gemüt auf subtile Weise. Dazu ein Glas warme Milch und Sudoku.

Hätten sich B. und S. unter anderen Umständen kennengelernt, sie wären nicht zusammengekommen. Sie wären auch kein Paar geworden, wüsste B. um S.'s Geheimnis. Es hätte auch nicht geklappt, wäre alles zehn Jahre früher passiert, und schon gar nicht hätten sie weitere zehn Jahre länger warten können. Vielleicht wegen dieser Umstände, die keine Umstände waren, hält die Beziehung nicht lange. Was hält, ist die Prägung der Begegnung. Sie wird zeitlebens bleiben. Und hätten sich B. und S. überhaupt nicht kennengelernt, wäre es für B. besser gewesen und für S. bedauerlicher Verlust. Darüber denkt B. nach, während sie zwischen den Blumenstilen in der Vase herumstrudelt. Die Vase ist klar und an den Blumenstilen haben sich silbrige Gläschen gebildet.

Wenn T. eine Mütze trägt, murmelt er. Unter der Mütze versteckt T. eine bunte Sommerblumenwiese. Die Wiese ist voller Pflanzen. Es blüht der Mohn, Raps, Lavendel, Gräser und darin ein summendes Insektenmeer. Wenn T. die Mütze vorsichtig hebt, rollt die Wiese langsam heraus: über die Schulter, den Rücken und bis zum Boden. Mit der Mütze an, führt T. Interviews mit sich selbst. Wobei er sich zerbrechlich vorkommt einerseits. Andererseits lernt er sich dadurch kennen.

D. besitzt etwas, in das sie Dinge hineintut, aus dem sie die Dinge wieder herausnimmt, gelegentlich Dinge ersetzt. Das macht D., wenn sie unterwegs ist. Rein, raus, das eine, das andere. Wie könnte es anders sein, als dass es eine Tasche, ein Rucksack, ein Beutel sein muss! Doch weit gefehlt. Es ist etwas ganz und gar anderes, das D. hat und nicht verrät, was es ist. Denn es gibt keinen Namen. Kein vergleichbares Objekt existiert. Nur so viel: dort ist es windstill und dunkel. Manchmal ein Knuspern.

Da treffen sie aufeinander. Der, der nur in Einzelheiten denkt und der, der in großen Einheiten rechnet. Ach, wie schön sind sie anzusehen, die beiden! Wenn sie sich zum Frühstück treffen und weichgekochte Eier essen mit den wohlgeformten Erbstücken, den Perlmutt-Löffelchen. Die Füße pflichtbewusst in Filzpantoffeln.

Halt den Mund, ruft A. Halt den Mund, Halt den Mund. Immer wieder, Halt den Mund! A. rennt dabei mit einer Sauciere herum, die mit Bratensoße gefüllt ist. A. sucht Teller, auf die er die Soße gießen könnte. Doch keiner hält einen Teller hin und keiner hält den Mund. Schon gar nicht mit den Händen, erst recht nicht mit den Beinen. Den Mund zu halten, kommt nicht in Frage. Mag A. brüllen und mit den Füßen stampfen so laut er will.

So viele Kekse. Immerzu die Kekse. Wenn
du weiterhin so viele Kekse isst, wirst du se-
hen, was daraus wird, ermahnt G. die keks-
vernarrte N. Aber N. bleibt unbeirrt. Sie isst
weiter. Keks um Keks. Und siehe da. Die Fi-
gur bleibt unverändert. Sogar das Gewicht
ist dasselbe. Vielleicht liegt das alles daran,
dass N. so gut Cello spielen kann, ein geöl-
tes Mundwerk hat und die Haare gerne offen
trägt.

O. nimmt ihre rote Mähne zur Seite und beginnt einen dicken Zopf zu flechten. Dabei schielt sie augenscheinlich. C. schaut ihr dabei zu. Momente des Glücks.

W. will L. boykottieren, doch das gelingt nicht. Denn L. ignoriert W. bereits seinerseits. Was nicht schlimm ist, denn W. anerkennt L. erst gar nicht. L. wiederum akzeptiert W. a priori nicht, was W. ohnehin entgeht, denn er übersieht L. konsequent. Doch L. geht auf W. sowieso nicht ein, denn L. verachtet W. permanent und W. wiederum weist L. beharrlich ab. Und während sie einander ihre Ablehnungen zurufen mit weit geöffneten, zornigen Blicken, dabei heftig gestikulieren, kommen sie sich ungewollt näher und näher, küssen sich leidenschaftlich und können nicht mehr voneinander lassen.

Kurz, war sein Leben, kurz war es. Doch nachdem E. gestorben ist, lebte er weiter. Er lebte, lebte noch sehr lange. Wahrscheinlich lebt noch immer, aber immer versteckter, unauffindbarer, irgendwie spitzfindig. E. war ein Geigenbauer, der es verstand, alte Geigenbögen zu behaaren mit Geschick, höchst fachgerecht.

O. leistet sich einen Luxus, den er sich nur auf einer Ebene leisten kann. Auf der anderen jedoch nicht, was die Sache erst recht zum Luxus macht oder deswegen gerade nicht. Konsequenterweise hat O. mit dem Rauchen aufgehört, ohne je Raucher gewesen zu sein. Ab morgen darf sich der junge Mann offiziell Gräzist nennen.

Wie ein Niemand redet er daher, hört mit
halbem Ohr zu. Wie ein Niemand streunt er
durch Gassen, die Gedanken zerstreut,
keine Antworten im Kopf, keine Richtung im
Blick. Wie ein Niemand lebt er, unterlässt
er, tut er nicht. Aber er ist jemand. Dazu ei-
ner, der, wenn er Eis am Stiel isst, die Au-
gen schließt. Diese Innigkeit sucht seines-
gleichen.

F. ist sehr visuell veranlagt. Wie eine Spinne fasst sie Dinge in ihr Augennetz, nimmt sie unter die Lupe, benennt vor ihr sich klar abzeichnende Gefüge, findet passende Adjektive. Wenn es etwas zu sehen gibt, sie sieht es, fokussiert, lässt den Blick darauf ruhen, zoomt heran, dreht es in ihren Gedanken und Händen, hält es in günstige Lichtverhältnisse, will mehr erfahren, möchte tasten, wissen. Was bedeutet es, wenn jemand einen Gegenstand auf den Tisch legt? Woher kommt er? Aus was ist das Stück geschaffen? Wie lässt es sich greifen, wie riecht es? Dass sie Gratiszeitungen liest und am liebsten in der Badewanne raucht, schadet ihrem regen Geist keineswegs.

Wie haben sie soeben noch gelacht. Dann dreht sie sich um und geht. Von einer zur anderen Sekunde legt sich Trauer über ihn wie ein schwerer Mantel, unter dem das gemeinsame Lachen geborgen bleibt. Umso trauriger wirkt er, je mehr er sich der munteren Stimmung zu erinnern versucht. Um sich zu trösten, macht er Notizen. Dass er trotz der Sorgen hervorragend schläft, liegt am Ende daran, dass er manchmal unter dem Bett liegt. So wie damals.

Des Kurhotels Credo ist es, dem Infantilismus zu frönen. K. fühlt sich wohl im Hotel, wo es lauter infantile Gäste gibt, und auch die ganze Hotelbelegschaft verhält sich höchst infantil. Man grüßt infantil, reißt permanent Witze, serviert das Essen auf infantile Art und Weise. Nebenbei lernt K. von ehemaligen Königsbutlern Hemden zu bügeln. Zwischendurch Wanderungen in der grünen Umgebung. K. wandert, manchmal ohne Schuhe, manchmal ohne Hose und ohne, dass ihm die Wanderungen je in den schwebend leichten Beinen sitzen. Denn K. betreibt das neuartige, hier praktizierte Leichtwandern. In den Zimmern des Hotels liegt eine Kardamomduftnote in der Luft.

Machtlos schaut W. seinem Apfelbaum zu, der sich nicht darum schert, willkürliche Früchte zu machen. Der Apfelbaum macht Tag um Tag und wie es ihm gefällt, mal Äpfel, mal Birnen, mal Kirschen, mal alle Früchte zusammen. In den tieferen Ästen hängen Trauben. Nie weiß W., was der Apfelbaum als Nächstes ausheckt.

Was im Dorf L. passiert, könnte überall passieren. Es liegt nicht an den Bewohnern und deren Charakteren oder Bildung. Es ist nicht die ländliche Umgebung, die je nach Wetter mal pittoresk und mal deprimierend wirken kann. Denn es ist im Dorf L. wie es überall ist. Es gibt diese und jene Leute mit besserer und weniger guten Bildung, mit solcher und solcher Haltung, aus diesem oder jenem Grund. Mit der schlechten Grundinformation fängt es an. Dazu ist sie miserabel dokumentiert und niemand findet Anhaltspunkte außerhalb der Botschaft. Kein Wunder entwickelt sich daraus allzu rasch ein nicht fundierter Optimismus. Als die Wahrheit mehr und mehr ans Licht kommt, schlägt der Enthusiasmus in Skepsis um, die sich rasch verbreitet und bald pessimistische Genossen, gar Zyniker und Sarkasten findet und sogar Fatalisten hervorbringt. Was danach geschieht, kann keiner ahnen. Die einen legen sich Kosenamen zu. Andere erlernen eine Fremdsprache oder kneten Marzipanfiguren.

Was G. als einen hervorragenden Pädagogen
auszeichnet, ist nicht bloß die Leidenschaft,
die man im Nu erkennt, sondern, dass G.
lehrt, was er selbst gerne können würde.
Dies bewahrt ihn nicht davor die falsche
Frau zu heiraten. Und falsch ist daran
nicht, dass sie Mitglied im Buch-Club ist,
wo man Heinrich Heine und andere inter-
pretiert oder nach literarischen Aspekten
untersucht. Das ist das Gute an ihr.

W. wartet auf M., mit dem er verabredet ist. Immer wieder schweift sein Blick zur großen Glastüre und den bodenlangen Fenstern, von wo M. jeden Augenblick hereinkommen kann. Um sich die Zeit zu vertreiben, überlegt W., woher M. wohl kommen wird, ob von der linken oder von der rechten Seite von der Türe her gesehen. Er kann sich nicht entscheiden. Seine Gedanken kreisen um die Frage, ob von links oder doch von rechts. Von links oder von rechts. W. ist unschlüssig. Er denkt nach, spekuliert, erörtert. Was er sinnt, ist klug und logisch. Eine Lösung will sich nicht abzeichnen. Da geht ihm wie zufällig ein Licht auf und W. weiß: M. wird sowohl von rechts als auch von links kommen, mitten durch die Tür. Er behält Recht damit. M. kommt sowohl von links als auch von rechts daher. Frohgemut, laut grüßend und leicht verspätet wie immer. Den kleinen Hut schräg auf dem Kopf.

Sie haben weiße Baumwollbettwäsche ge-
kauft. Mehr konnten sie nicht tun.

G. sitzt in der ersten Reihe. Als sein Name genannt wird, überfällt ihn für einen Augenblick tiefschürfende Dankbarkeit. Sodann denkt G. über das Fliehen nach. Sein baldiges Verschwinden fällt ihm nicht nur leicht, sondern erscheint konsequent und einleuchtend. G. flieht aber nicht weit. Nur bis zum Buffet, wo man Erdnüsschen reicht und klassische Cocktails serviert.

U. ist keine Gebende. Sie ist keine Neh-
mende. Sie teilt. Gemessen an ihrem ver-
schlossenen Wesen, fällt ihr das Teilen er-
staunlich unschwer. Vor allem dann, wenn
sie zuvor an Petersilie gekaut hat. Kräuter
öffnen ihr das Herz und machen ihr Leben
leicht.

N. spielt Gitarre. Wieder. Die Gitarre ist wie-
der da. Vom Estrich heruntergeholt, jetzt
auf N.'s Knien. N. spielt ein wenig nur. Fin-
ger über die Seiten, mehr nicht. Etwas zup-
fen. Das reicht schon. Hier und dort ein
Klang. N. ganz dem Klangraum ergeben.
Das sind gute Aussichten. Gut für N. Gut
für seine Seele. Für die Verdauung. Und gut
für seine Zahlungsmoral.

In A.'s Nähe funktioniert K. Er funktioniert
ohne Wenn und Aber. Ist A. mit K. zusam-
men, fliegt K., indes A. ankert. Dabei fühlt
sich für die beiden alles umgekehrt an. Oder
je nachdem, überhaupt ganz verkehrt
herum. A klebt. K. stockt. K. steht. A. hockt.
Das Essen scheint schmackhafter zu sein,
wenn die beiden zusammen speisen. Und
anhänglicher für pelzige Tiere auf vier Bei-
nen werden sie dadurch obendrein. Pelzige
Tiere, die immer zu ihnen kommen, wenn
sie synchron ihre Köpfe hin und her neigen.
Dann kommen die Vierbeiner selbst aus den
Kronleuchtern hervor.

Auf alles kann sich T. einstellen. Er ist geübt darin klar zu denken, rasch zu handeln. Müsste T. in der Wildnis improvisieren, um zu überleben, er würde es schaffen. T. hat den Tiger in sich, den er frei lassen kann, wenn es die Situation erfordert. Er ist auch ein Indianer, wenn es darauf ankommt, ein Indianer zu sein. Einzig auf durch und durch diplomatische Seelen ist T. nicht gut anzusprechen. Dann zieht er den Pullover übers Gesicht und schmollt wie ein Vierjähriger. Diplomaten schlagen T. auf den Magen.

Zum Auftakt tanzt L. Walzer. An melancholischen Tagen ist das. Auch stampft L. rhythmisch einen Cha-Cha-Cha, wenn sie betrübt ist. Im Kopf findet das alles statt. Cha-cha-cha. Im Kopf. Cha-Cha-Cha. Die Tanzschuhe blank und mit Pfennigabsätzen versehen. Der Parkettboden frisch gebohnert, glänzt, und der rot gepunktete Tellerrock ist Ehrensache.

O. versagt im Traum. Er hat auch G. im
Traum arg enttäuscht. Alles geht schief.
Nichts will O. gelingen. Ein Freund, der da-
bei ist und einen Zeugen mimt, betrinkt sich
wortlos. Aus purer Verzweiflung geschieht
das. Und weil es eine Blamage ist für alle zu
sehen wie O. sich verhält. Elend. Misere. O.
denkt beim Frühstück über diesen Traum
nach. Als er ins ofenwarme Brot beißt,
deutet er das als gutes Zeichen. Der Zeuge,
die Brotbrösel unter dem Tisch auf-
wischend, nickt still.

Der junge Labrador wälzt sich auf dem Boden inmitten des dreckigen Platzes, bei der dicht befahrenen Straße. Rundweg vergnügt ist das Tier, die Pfoten weit von sich gestreckt nach allen Seiten, der weiße Bauch gegen die Sonne ragend und das helle, flauschige Fell offenbarend. Seine dunklen Augen sind wach, einzig auf die Bewegungen seines Herrchens gerichtet. Das Herrchen dirigiert mit asiatischen Essstäbchen. Bei diesem Anblick erfasst einen ein süßlicher Stich ins Herz. Das schöne Tier hat rosafarbene Pfoten, die etwas aufgeplustert sind. Sie sehen aus wie geschwellte Rosenblüten. Des Herrchens Wangen glühen. Im Bett, bis zum Bauch zugedeckt, liegt eine Reihe kleiner Spatzen. Die Spatzen tun so, als würden sie schlafen. Wenn man nah herangeht, blinzeln ihre Äuglein. Dabei hört man dennoch, dass die Tiere in leicht zirpender Art schnarchen.

Eilig läuft sie die Treppe hinunter, doch zu spät. Der Zug ist soeben abgefahren. Auf einer der letzten Stufen stehend, schaut sie dem fahrenden Ungetüm nach. Wie einen Liebhaber blickt sie dem Zug hinterher. Ihr Blick ist offen. Sie sieht hübsch aus. So wunderhübsch sieht sie aus. Hübsch in der besonderen Art, wie sie nur einem davonfahrenden Zug hinterherschauen kann.

P. hinterlässt E. Kisten von Zigarren nach seinem Ableben. Beste Zigarren, die P. mit Hingabe und Konsequenz an ausgezeichneten Adressen aus der ganzen Welt erworben hatte. Sie sind in Humidoren aus lackiertem Mahagoniholz aufbewahrt. Die Schachteln sind gestapelt und reichen bis zur Decke. Hat E., die Witwe, eine andere Wahl als die Zigarren, eine nach der anderen, mit möglichst viel Genuss zu rauchen?

Ein weiterer Auftritt. B. ist in der Tiefe ihres Herzens erleichtert, als alles vorüber ist. Wieder waren viele gekommen. Ein Austausch auf Niveau. Dazwischen das gewohnte Geplätscher, das dazugehörende. Das üblich gut durchmischte Publikum aus Intellektuellen, Kulturvernarrten, ein paar Bekannten, Bewunderern, Neugierigen und Passanten. Ein wenig wie immer und immer ein wenig anders. Der Höhepunkt war einmal mehr nicht der Applaus. Nicht die löblichen Worte, nicht der obligate Blumenstrauß. Es war das Wiedersehen zu Hause mit dem Kater, der auf der alten karierten Decke auf B. wartete. Wie immer rauchte er eine Pfeife, hatte die Cognacgläser unter seiner Bauchdecke bereits angewärmt und tat so als interessiere ihn die Welt da draußen keinen Deut.

Wissen Sie, ich muss ernster werden, sagt er. Ich bin am Ende meines Lateins. Das Erste, was er danach tut, ist das Zeitungsabonnement zu kündigen. Damit er sich bald die Zähne richten lassen kann. Denn er will schon so lange endlich mit offenem Mund lächeln können.

Die M.'s sind eine gut funktionierende Familie. Die Griffe sitzen, alles verläuft ordnungsgemäß. Dass die Kinder im Zentrum stehen, ist Tatsache. Wenig bis gar kein Augenkontakt findet statt. Wo die Blindheit beginnt, ist wohlgehütetes Geheimnis. Der ganz normale Wahnsinn in liebevoller Umgebung. Der Fokus gerichtet auf Talentförderung und selbstgemachte Nudeln.

Bewandert ist G. auf vielen Gebieten. Auf was er aber immer wieder zu sprechen kommt, ist sein Fahrrad. Es wird ihm nie zuwider über das Rad zu sprechen. Ob auf Englisch, Französisch oder selbst in einem teuren Ferngespräch. Und während G. über das Rad redet, fallen aus den Wolken gelbe Küken. Sie sind leicht wie Federn.

Einmal monatlich fährt F. in die von seinem Wohnort drei Stunden weit entfernte Großstadt. Dort ist alles lebendig, hektisch, dreckig und bunt. Das entspricht F., der stundenlang durch das städtische Chaos streunt. Er beobachtet Szenen und Menschen, kehrt in Gaststätten und Cafés ein, fährt ziellos U-Bahn, steigt aus nach reiner Willkür, steigt wieder ein ohne Plan. Seit Jahren geht das so. Die Stadt kennt F. nicht, die Straßennamen sind ihm fremd geblieben. Mit dem Nachtzug fährt F. erschöpft nach Hause zurück. Mit Einkäufen in den Tüten, darin Ziegenmilch, Kurkuma und Seidentofu, den seine Frau so mag.

Wenn T. an der Wand in ihrer Wohnung, emporschaut, was sie oft macht, sieht sie die nicht vorhandenen Skorpione, Vogelspinnen oder einen Salamander. Aber alles ist schneeweiß. Nur an manchen Stellen sind gelegentlich einzelne Spinnweben zu erkennen. Wenn T. die Wand so anschaut, denkt sie an die Leute im Süden, im Süden von Europa, in Lateinamerika, in Asien und Afrika. Denn auch diese Leute blicken jetzt auf ihre Wände und sehen die Kleintiere dort vorhanden: Skorpione, Spinnen, Salamander. T. weiß das. An T. denken diese Leute jedoch nicht. Das bedauert T. außerordentlich.

P. findet leise statt. Er versteckt sich nicht.
Aber hinter W., die sehr groß ist, ist das
nicht einfach. W. hat Einfluss, wird bewun-
dert und bemerkt. P. nicht. P. ist scheinbar
unvorhanden. Er ist es aber, der W. groß
macht. P. ist schlicht und ergreifend unbe-
zahlbar für W. Vor allem dann, wenn P. ei-
nen Fisch seziert, Rezepte gegen Waden-
krämpfe kennt oder die Bläschen im Sekt-
glas zählt.

In H.' s Kopf sind Blitze, Gewitter, Stürme.
Es ist viel los da oben bei H. Manchmal tritt
auch Ruhe ein, die alles überdeckt. Dann
ziehen Nebelfelder vorüber. Sie sind wind-
still. Leichter Sonnenschein wärmt. Oran-
genfarbenes Licht ist. Gelegentlich zirpt ein
Insekt. H. würde gerne den Mund öffnen
und davon erzählen. Aber so einfach ist das
nicht.

E. hat ein kleines Tierchen bestellt. Beim
Metzger. G., S., I., R., E. und C. freuen sich
schon sehr auf das kleine Tierchen, das
über Nacht eingelegt werden wird in eine
würzige Marinade. In fünf kleine Stücke
wird man das Tierchen teilen. Aber erst die
Vollmondnacht, die leichte Migräne und zwi-
schendurch viel zu viel Werbung.

Bei der Frage nach dem Wochenende ist G. überfordert. Kein Montag vergeht ohne diese Frage. Kein Montag, wo G. nicht überfordert ist. Da ist nicht viel zu erzählen. Und doch war alles da. Nicht, dass jemand kam. Niemand kam. Und G. ging nicht. Die Tür blieb verschlossen, was G. schätzt. Am Tisch findet das statt, was erzählenswert sein könnte, das, was für G. nämlich wichtig ist. Dass ein Glasbläser unter dem Sofa bunte Vasen blies. Oder dass ein apart gekleidetes Rhinozeros die Tagesschau-Nachrichten verlas. Da nützen weder Stilblüten noch ein harmonischer Klangteppich im Hintergrund. Vermutlich könnte ein Fragekatalog ein guter Anfang sein, um allem auf den Grund zu gehen, aber den hat niemand auf dem Schirm.

Es ist üblich, dass die beiden Schwestern, die kleine und die große, Reden halten. Nacheinander oder unabhängig voneinander. Was zählt, ist der Fakt, dass die kleine Schwester eine große Rede hält und die große Schwester eine kleine. Gerade darin liegt der Charme. Es wäre auch anders möglich, hier ist es nicht erwünscht. Im Sommer kommt es selten zu den Reden. Sommers wird wenig rhetorisch ausgedrückt, hingegen barfuß getanzt. Gelegentlich wird über den Durst getrunken. Die Schwestern tragen dann Leopardenhaut, dehnen sich auf der Wiese, machen Yoga-Übungen oder baumeln in Hängematten. Die Reden finden an den kühleren Tagen statt.

Ins Bett nimmt N. seine Wünsche mit. Unter der Dusche sind die Ideen ganz nah bei ihm. Der Spaziergang befindet sich im Kopf des Hundes. Im Beisein seiner Frau, ist N.'s Kopf leer. Oder N. denkt über chemische Formeln nach. Das hat mit den Konstellationen in H.'s Leben zu tun und mit den eingespielten Mechanismen.

Dort, wo F. zuhause ist, kommen die Geschichten aus dem Nichts zu F. Manche ziehen weiter. Manche bleiben unsichtbar. Im Hotelzimmer ist F. verletzbar und die Geschichten sind gemein. Mit langsam rudernden Armbewegungen hält F. solche Geschichten auf Distanz.

Regelmäßig gerät U. in den Strom des Orkans. Erst wehrt er sich, dann lässt er sich fallen und nach einer Weile, wo er die Angst aufgibt und eine Art Frieden übernimmt, gelangt U. ins Auge des Orkans: Blickkontakt. Das Auge des Orkans ist dunkel und gütig. Nicht selten ist es voll hintergründigen Humors. Den sieht man, wenn man ganz nah herangeht. Das muss man sich aber erstmal trauen.

Sie kommt regelmäßig, aber unvorhersagbar. Die Wolke. Sie steigt herunter bis ans offene Fenster und erzählt Geschichten. Sie spendet Trost, ist äußerst amüsant und witzig, aber manchmal etwas vulgär.

G. legt sich Schlitze im Ohr an. Je intensiver ein Lebensjahr, je geschlitzter G.'s Ohren.

Erst wenn sich R. auflösen kann, geht es ihr gut. Auflösen. Sich auflösen. Die Dinge auflösen. Geschichten, Gedanken auflösen, Menschen. Alles darf sich auflösen. Eins nach dem anderen auflösen, auflösen, auflösen, bis es ganz flüssig geworden ist. Bis es unter den nackten Füßen sprudelnd rinnt. Bis es kitzelt.

Zeitlebens war U.'s Lieblingssatz dieser: Schön, wenn man nichts macht und es passieren die Dinge trotzdem. Sein Lieblingswort ist Spreizfuß. Vielleicht wegen seiner Cousine.

Weil sie ihn liebt, erzählt sie am liebsten
diese eine Geschichte: Wie damals die
Sonne durch den Mann rutschte und sie da-
bei war. Ganz nah dabei war sie da. Damals,
als die Sonne warm durch den Mann
rutschte.

Eines Tages ist das Herz da. Man sieht es deutlich. Auf ihrer Hand liegt es. Zuckt. Vielleicht weint. Vielleicht kichert.

G. geht ans Fenster, um sich zu vergewis-
sern, dass nichts ist. Als er an die Scheibe
tritt, wird es um ihn dunkel. Fischschuppen
glänzen im Mondlicht. Ein knetartiges Knor-
pelwesen schwillt vor G.'s Auge an. Es
schlägt ein Rad und lädt G. mit freundlicher
Stimme zu einem Tee ein. Das Knorpelwe-
sen streckt seine Hand nach G. aus. Die
Hand ist weich und so groß wie ein Kopfkis-
sen. Die Hand reicht bis zum Boden.

J. ist ein Sammler. Man findet jedoch nichts von der Sammlung in seinem Haus. Eine Sammlung ist nicht da. J. sammelt bei sich allein, in sich drin. Er sammelt vornehmlich Vergangenheiten. Seine Vergangenheiten. Er hat viele. Sie sind noch nicht katalogisiert. Deshalb ist es nicht eindeutig klar, ob diese Sammlung bereits als Sammlung betrachtet werden kann. Die Vergangenheiten haben Farbtönungen. Ähnlich wie die Malperioden von Picasso.

Sie sitzen auf einer Schaukel. Beide vertieft, wie in ein Gebet. Man wagt es nicht zu stören. Sie denken an ähnliche Dinge. Sie meditiert und leert sich. Er denkt an Hering-Brötchen. Eine Eule sitzt still im Dunkel des Gebüschs nebenan. Sie trägt schwarze Lackschuhe und weiß alles.

Manchmal kommt ein Fasan und geht
durch die Wohnung spazieren. Tiefschür-
fend ist sein Name. Er mag Bossa Nova.
Zwei Seelen schlagen in seiner Brust.

Oh macht sie. Immer wieder Oh, Oh. Es wird ihr eine Libelle gereicht. Apéro-Libelle. Sie ist knusprig. Aber wenn man möchte, kann man am Tierchen lediglich etwas lutschen und es später auf einen Baum in die Natur drapieren. Oh, sagt sie wieder. Oh. Es ist die lange Nacht der Museen, als sie das sagt.

Gerade als er aufgeben will, beginnt sein
Denken. Das Denken zeigt sich von der klu-
gen Seite. Es ist logisch und geht in eine
Richtung. Es hindert ihn am Aufgeben. Sein
Denken kündigt einen neuen Beginn an. Er
spürt eine ungewohnte Tiefe. Hoffnung. Das
neue Denken kommt ihm einem Wunder
gleich. Denn auch seine träge Körpermasse
setzt subtil, und ohne eigentliches Zutun,
zu einem Sprung an. Nichts erzwingt sich.
Es geschieht. Es fließt, und in seinem Ur-
Kern schwillt es an, steigert sich etwas. Es
ist wunderbar. Ein Ort, an dem Wider-
spruch zwecklos ist.

Endlich. Er hat es gefunden. Nach so vielen Jahren Suche ist es endlich da. Doch er muss äußerst vorsichtig sein. Es schläft noch.

Sie bereut nichts. Auch wenn sie sich damals von einer gut funktionierenden Welt verabschieden musste, um nichts anderes zu tun, als stattdessen einen giftigen Stachel zu pflegen. Das mag einem charakterlos vorkommen, konturlos ist es nicht und schon gar nicht ohne Folgen. Der Stachel ist etwas gebogen, elastisch, hat Tiefenglanz. Sie hat ihm einen Namen gegeben, den sie nicht verraten kann, weil sie sich selbst nicht mehr erinnert.

Es passiert immer etwas, flüstert er zu sich. Immer passiert etwas. Immer. Jetzt. Immer. Jetzt. Immer. Er taucht die Quietschbadeente ins Badewasser und singt «I Did It My Way». Im Belcanto-Stil singt er das.

Dass sie friert, liegt am kalten Wind. Dass es ihr nichts ausmacht, liegt an der Gruppe, mit der sie durch die Stadt zieht. Es ist eine gut gemischte Gruppe. Nicht ein einziger Idiot ist dabei.

Das dunkle Aquarium Zimmer des Onkels
ist ein Trauma. Nie sieht er, ob etwas hinter
dem schwarz glänzenden Glas lebt. Er hat
einen erwachsenen Körper, aber seine
Hände sind Kinderhände. Sie weisen auf das
kindliche Wesen hin, das in ihm ist. Das
Aquarium hat kein Licht. Das Wasser ist ge-
trübt. Es ist dunkelgrün. Etwas Algenartiges
bewegt sich manchmal darin. Unmerklich,
langsam. Er sieht nicht hin. Er blättert in
Cartoons oder verfasst Haikus.

Es gibt für alles eine Zeit, sagt H. Für alles eine Zeit. Das sind ihre Worte. Und die Phase der dreckigen Finger, betont sie, ist gut.

Dass G. Ideen hat, hängt nicht damit zusammen, dass G. eine Träumerin oder von Sehnsüchten erfüllt ist. Es liegt nicht am Brennnessel-Tee. Unbedeutend ist in diesem Zusammenhang auch die Mandelallergie. Auch haben die Ideen nichts mit der Souffleurin gemein, die G.'s Nachbarin und Treppenhausfreundin ist. Sie ist eine gute Souffleurin. Keine hübsche Erscheinung. Aber gebildet.

B. war mal Synchronschwimmerin und zeigt aus diesen alten Zeiten eine Figur. Es ist zwar nur eine Trockenübung, aber B. kann sich noch sehen lassen. Der Löwe ist begeistert und verliebt sich immer mehr in B. Auch B. ist vom Löwen angetan. Der Löwe sitzt vor dem bodentiefen Spiegel und massiert sich mit seinen großen Pfoten Vaseline in seinen vollen Bart, während er B. durch den Spiegel mit Verehrung zunickt und in seiner Löwenmanier B. rührende Komplimente macht.

Er sagt nicht viel, der Gondoliere aus Venedig. Er findet: Ich habe nichts zu geben. Ich nehme das Nötigste. Was ich kann, ist «O Sole Mio» zu singen. Das ist Ehrensache. Der Gondoliere kann das Stück besonders den japanischen Gästen schmackhaft machen mit einer leicht abgeänderten Melodielinie. Sein größtes Talent ist, die Menschen zu erkennen. Die Guten erfasst er sofort und schließt sie in sein Herz, wo der Gondoliere einen kleinen Tresor für die guten Seelen hat.

Nach Jahren fasst sie den Entschluss und zieht in die Nähe ihrer alten, bereits vergebenen Liebe. Die Verwirrung ist auf allen Seiten groß. Die Kinder kommen mit. Sie verstehen den Schritt am allerwenigsten. Innere Ruhe findet keiner. Die zerkauten Fingernägel sind nicht angenehm anzusehen. Doch auf Pferden zu reiten eine schöne Aussicht. Es gibt noch andere Gründe. Davon will sie aber nichts wissen auch nicht über andere Optionen nachdenken.

Es wird nicht grau, ihr Haar. Es trotzt dem Kummer und den allen darüberliegenden Fragen mit leichten, goldenen Wellen. Es riecht nach frischem Birkenwasser. Mit Schwung fällt es auf die Schultern. Das Haar kann an guten Tagen sogar zwitschern. Es ist ein Spatzenzwitschern für Eingeweihte. Doch das ist kein Trost.

Nur bei gutem Wetter geht K. zur Unfall-
stelle, setzt sich auf einen Klappstuhl und
verharrt dort für Stunden. Es ist ihm sehr
wohl dort. Auftauen. Zerfasern. Sein. Er
spürt im Innern, von Algen überwuchert zu
sein.

G. hat es schon wieder getan. Solche Sachen passieren eben nur mir, glaubt G. und lächelt geheimnisschwer durch seine goldene Zahnlücke. Wollte man mehr erfahren, würde G. knurren und die Zahnlücke würde sich, bevor das Geheimnis gelüftet würde, allmählich und ganz langsam schließen.

Die größte Angst ist nicht die zu versagen, zu wenig oder zu viel zu tun. Es ist die Angst, eine falsche Jahreszeit zu träumen. N. hebt ihre Arme und unter ihren Achseln kullern farbige Kugeln hervor. Sie steigen auf und verschwinden wieder in der Luft, als wären sie Seifenblasen in einer Luftspiegelung. Doch sie sind in Wirklichkeit schwer wie Billardkugeln und nicht so einfach unter den Achseln hervorzudrücken wie es auf den ersten Blick von außen erscheinen mag.

Es hätte ihn vorübergehend glücklich ge-
macht. Doch er hat das weiße Pferd nicht
gesehen.

Er war ein Leichtsinniger, Irrender. Ein vom Leben Gelangweilter. Dann ging er zu den Leuten im Dorf und redete mit ihnen. Es waren einfache Leute. Nach einer Stunde veränderte sich sein Leben.

Sie hat sich das gut ausgedacht. Zufällig
aufgegriffen, klang es schön. Als Motto
schön. Auch sie wollte eben die Familie zu-
sammenhalten. Im Stillen, mit ihren Armen,
mit den Augen, den Ohren vielleicht. Mit
Worten tat sie sich schwer. Die Gedanken
vermochten keinen Zusammenhalt herzu-
stellen. Sie wurden wirr. Aber wenn sie
manchmal nur im Stillen die Familie zusam-
menhielt, auf eben die Weise wie es gerade
ging, schmeckte die Linsensuppe noch nie
so gut.

Sie spricht über das Vergessen wie über das Einmachen von Konfitüre. Immer wieder spricht sie davon. Ihre zwei Grundthemen und Stützen. Die Konfitüre hier. Das Vergessen da. Dieser Zucker überall. Dieses klebrige Wesen, das selbst die Uhrenzeiger träge macht.

Als sie erkrankte, kam keiner, um nachzu-
prüfen. Nachzuprüfen, ob sie noch da war.
Sie war aber da. Auch wenn keiner kam. An
der Türe hing der Morgenmantel. In den
Manteltaschen war Wasser. Die Taschen
dienten als Vase. In der Morgenmantel-
taschenvase steckten Hortensien. Sie
dufteten nach warmer Seife und hatten
außerdem sehr große Ohren, weil sie gut
zuhören konnten. Sie war in ihrer Krankheit
seltsam lebendig. Vielleicht so lebendig wie
nie zuvor.

An gewissen Tagen setzt sie ihr prächtiges Hirschgeweih auf und zieht los.

Als sie sich eine Axt zugelegt hatte, musste das Buch „Menschen mit Katzen" weg.

G. entdeckt, dass dort, wo die Bilder hängen, auch Zeitfenster angebracht sind. Wie zarte Schatten, die G. öffnen kann, wenn sie alleine ist. Die Zeitfenster werden von koboldartigen Wesen verwaltet. Die Wesen werden mit Batterien angetrieben. Manche bewegen sich flink, andere ruckeln etwas. Sie servieren Tee, Kaffee, Hochprozentiges oder bieten spezielle Koboldmassagen an. Es sind Druckmassagen, auf die sich die Kobolde spezialisiert haben. Eine Technik, die sie perfekt beherrschen.

Manchmal geht K. auf den Dachboden im fünften Stock. Dort steht eine Harfe. K. zupft an der Harfe, entlockt ihr zarte Klänge. K. lässt sich dann davontragen, in die Welt der Kochrezepte. Solche, die es geschmacklich in sich haben, aber verblüffend einfach zuzubereiten sind und unter zwanzig Minuten.

F. lässt sich einen Bart wachsen. Der Bart
wird länger und dichter und verdeckt mehr
und mehr das Gesicht von F. Auch die Kopf-
haare werden länger, bis F. verwildert, urig
hinter dem Auswuchs verschwindet. Man
muss zwei Mal hinschauen, um zu sehen,
ob F. einen gewahrt, ob er überhaupt selbst
noch da ist. Dann die Metamorphose. Alles
wird weggestutzt, rasiert. F. schlüpft wie
aus einem Ei heraus, ist wie neugeboren.
Die Morgensonne geht auf. Die Haut glänzt
rosa. Und wenn man einen Tango zu tanzen
beginnt, trauert etwas fast Vergessenes im
Bart. F. hat einen schönen, dichten Bart
und langes weißes Haar.

H. erkennt gut, dass die meisten Leute ein
wenig zittern, wenn sie reden. Es ist ein
leichtes, subtiles Zittern, das nicht in den
Fingern, sondern aus den Fingerspitzen her-
aus entsteht. Manchmal zittert es um den
Nacken herum wie ein heller Strom, oder die
Haare am Kopf bewegen sich bloß ganz
leicht. Sie formen ein Kräuseln, das zu ei-
nem unsichtbaren Windhauch wird. Wie
Seegras, das sich in den Wirbeln des Meer-
wassers bewegt. Das Kräuseln, der Wind, sie
sind kaum erkennbar mit dem bloßen Auge.
Man muss es spüren. H. schaut genau hin.
Er fühlt das Zittern der Leute durch seinen
eigenen Körper wandern wie eine leise
Botschaft. Er fragt nicht, warum die Leute
zittern. Er fragt sich: Warum zittere ich
nicht?

R. denkt an all die Dinge, die just in diesem Moment auf der ganzen Welt zu Boden fallen. Krüge, Besteck, Zigaretten, Papierknäuel, geschnittener Lavendel. Er steht in der Wiese, am Strand und hebt auf. Hebt auf. Am Straßenrand. Hebt auf, hebt auf: Bierdeckel, Pappbecher, Krümel, Brösel, die verlorenen Mantelknöpfe, Blumenstängel. Er sieht sich, wie er all diese Dinge aufhebt, aufhebt aufhebt, während neue fallen, fallen, fallen.

Unter der uralten Linde beginnen ihre Augen zu leuchten. Da wird ihr bewusst, dass sie lebt. Dass es Zeit ist, die Vorhänge abzuhängen, die Stereoanlage zur Reparatur zu bringen und sich endlich in die weite, virtuelle Netzwelt zu trauen, die schon lange signalisiert hat, dass sie da draußen auf sie wartet mit weit geöffneten Toren, Spalier-Stehenden, Fanfaren sowie bunt wehenden Flaggen.

Es ist Mittwoch, als er krank wird. Er denkt an den Montag, an dem er noch nichts ahnte und ein naiver Nichtwissender war. Dieser Montag liegt mit einem Schlag zehn Jahre zurück. Dienstag liegt wie Dunst in der Ferne. Alles anderen Tage sind nicht mehr aufzufinden. Er wechselt im Kopf zwischen Mittwoch und Montag, zwischen Montag und Mittwoch. Er sucht die Zeiten, die anderen Wochentage. Es gibt sie nicht mehr.

Als er beginnt mit dem Vogel, einer Blau-
meise, zu sprechen, die sich im Netz verhed-
dert hat, wird es ganz ruhig. Zunächst beru-
higt sich nur der Vogel, aber allmählich
sieht man deutlich; auch er wird sanft. Die
Bewegungen werden zen-artig, der Puls geht
langsamer. Seelenruhe tritt ein. Er nimmt
einen tiefen Atemzug und spürt den Beginn
einer neuen Ära auf sich zukommen.

M. hat die Gewohnheit Beine mit Gläsern zu verwechseln. Oder es macht ihm nichts aus es danach aussehen zu lassen. Oder er findet Beine einfach bloß schöner, passender und persönlicher als Gläser. Ist das Glas halb voll, sagt er: Die Beine sind lang. Ist das Glas halb leer, findet er: Der Oberkörper ist kurz geraten. So ganz versteht ihn keiner.

G. stellt alle Uhren auf Punkt 12 Uhr. Erst
für einen Tag, dann für ein ganzes Jahr. Es
soll ein gutes Jahr für G. werden.

M. hat. Nicht viel, nicht wenig. Aber es ist genug für alle Sinne. Genug zum Leben.

D. ist. Mal so, mal anders. Was zählt, ist der Präsens vom Sein in der ersten Person.

*

Joanna Lisiak, geboren in Polen, seit 1981 in der Schweiz. Sie ist Autorin zahlreicher Bücher im Bereich Kurzprosa und Lyrik und fühlt sich auch im dramatischen Genre zuhause. Das Sprachspiel, der Humor, aber auch die immer wieder neuen formalen Ansätze beim Schreiben begleiten Lisiaks Schaffen seit Anbeginn. Joanna Lisiak ist unter anderem Mitglied der Autoren der Schweiz (AdS), der Gesellschaft für Zeitgenössische Lyrik, Leipzig (GZL), P.E.N. International Poets, Essayists, Novelists